Fritz Kramer
Verkehrte Welten

W0348658

Das europäische 19. Jahrhundert »entdeckte« fremde Völker und ihre Kulturen als Verkehrung der eigenen – ebenso vertrauten wie schon entfremdeten – bürgerlichen Welt. Das geschah zunächst am Schreibtisch (etwa bei Herder und Hegel, bei Winckelmann und Creuzer), dann auf hektischen Forschungsreisen wie bei Bastian oder in geduldiger Feldarbeit wie bei Malinowski, und schließlich mit Stift und Pinsel bei Gauguin, Pechstein, Nolde u.a. Fritz Kramer interpretiert diesen Prozeß der »Aneignung durch Negation« als *imaginäre Ethnographie*, die ihr Gegenstück hat in den von den kolonialisierten Völkern gezeichneten Bildern der Europäer, die nicht Aneignung, sondern der Abwehr dienten.
Fritz Kramer, geboren 1941, studierte Ethnologie, Soziologie und Germanistik in Mainz und Heidelberg, war von 1969 bis 1971 wissenschaftlicher Assistent in Heidelberg, seitdem in Berlin, wo er sich 1977 an der FU habilitierte.

Fritz Kramer

Verkehrte Welten

Zur imaginären Ethnographie des 19. Jahrhunderts

Syndikat

CIP-Kurztitelaufnahme der Deutschen Bibliothek

Kramer, Fritz
Verkehrte Welten : zur imaginären Ethnographie d. 19. Jh. – 2. Aufl. –
Frankfurt am Main : Syndikat, 1981.
ISBN 3-8108-0042-2

© Syndikat Autoren- und Verlagsgesellschaft, Frankfurt am Main 1977
2. unveränderte Auflage 1981
Alle Rechte vorbehalten
Umschlag nach Entwürfen von Rambow, Lienemeyer und van de Sand
Motiv: Marquesanischer Keulenträger, Krusenstern 1804
Produktion: Klaus Langhoff, Friedrichsdorf
Gesamtherstellung: Beltz Offsetdruck, 6944 Hemsbach
Printed in Germany
ISBN 3-8108-0042-2

Inhaltsverzeichnis

Vorwort

Die Ethnographie entfaltet ihre Wirksamkeit in einem Bereich, der von der Symbolik des ursprünglichen Menschen bis zum Mythos des Orients reicht; – wie verhält sich dazu die Realität der Menschen, die die Ethnographie »erforschen« will? Diese Frage kann hier in ihrer Komplexität nicht entwickelt werden; der vorliegende Versuch möchte nur Standpunkte skizzieren, auf denen ihr Sinn sichtbar wird.

In der Zeit der Kolonialreiche hat die Ethnographie der Rationalisierung der Administration gedient – aber auch dem Wunsch, aus den herrschenden Zwängen der industriellen Zivilisation zu den »Naturvölkern«, in das »erfüllte Leben«, zu entkommen. Die ethnographische Imagination stand in der mythologischen Tradition Europas und durch die Fortsetzung der Suche nach Arkadien auch in einer eigenen Spannung zur Utopie ihrer Zeit.

Mein Versuch über die Ethnographie des 19. Jahrhunderts ist jedoch weder als Beitrag zur Wissenschaftsgeschichte zu verstehen, noch dient er dem Verständnis der Mythologie; er soll zeigen, daß die Wirksamkeit der Ethnographie, das, was sie »interessant« macht, nicht in ihrem Gegenstand begründet war, sondern in dessen Beziehung auf die Gesellschaft, die ihn zu ihrem Negativbild verfremdet hat.

Wir wissen, daß Trobriander, die heute lesen, wie Malinowski das Geschlechtsleben ihrer Großeltern als das *der Wilden* beschreibt,ihre Welt darin identifizieren – und zwar nicht ohne ein Lächeln, dessen Bedeutung schwer zu bestimmen ist; aber unmöglich ist, daß sie oder andere »Wilde« sich in dem Bild erkennen, das die Ethnographie als das *des Wilden* im allgemeinen gezeichnet hat. Denn darin vermag allein der Europäer sich und seine Gesellschaft zu entdecken, in verfremdeter, phantastischer Form – als verkehrte Welt.

Die Satire des Mittelalters klagt durch das Motiv der verkehrten Welt das Bestehende als »verkehrt« an: Der Fisch jagt den Biber, der Esel schlägt die Laute – dies sind Sinnbilder der Verkehrung einer Welt, in der einmal alles »richtig« war. In den sozialen Bewegungen hat dasselbe Motiv den Sinn, eine Umkehr der Welt zu fordern: Der Herr soll dem Knecht dienen, der Lahme soll laufen.

Die Ethnographie des 19. Jahrhunderts entwirft im Hinblick auf die »eigene« Kultur die »fremde« als verkehrte Welt: Das »Kastensystem« des Orients korrespondiert der bürgerlichen Gesellschaft in der Zeit der

Restauration, wie zuvor die »Orientalische Despotie« ein Moment der Kritik oder Rechtfertigung des Absolutismus gewesen war; weitere Korrespondenzen sind diskursives und symbolisches Denken, Urhorde und Individuation, Promiskuität und Monogamie, Mutterrecht und Patriarchat.

Als Darstellung der »fremden« Kultur spricht sich aus, was in der bürgerlichen tabuisierte Wahrheit ist. Mythos und Positivismus, Prostitution und Kleinfamilie; Protestantismus: Idealisierung der Mutter und Dämonisierung von »Weib« und »Masse« – das »Tabu« ist eine Erfindung des 19. Jahrhunderts und bezeichnet sehr genau das, was die Ethnographie als »Urgesellschaft« und »Orient« ausgegrenzt hat. Das »Fremde«, als das man das Archaische vorstellte, hatte den traumhaft-unwirklichen, den »geheimnisvollen« Charakter, der die Kunst des Symbolismus kennzeichnet; und das heißt: Sein Reiz bestand in der Ahnung eines unausschöpflichen Selbstverstehens. Deshalb möchte ich dies die *imaginäre Ethnographie* nennen.

Die ethnographischen Kenntnisse des 19. Jahrhunderts sind allerdings durch den Fortschritt der Wissenschaft überholt; man würde aber dem Spezifischen der imaginären Ethnographie nicht gerecht, wollte man sie allein auf dem Standpunkt des positiven Wissens beurteilen. Legitim und erhellend ist dagegen der Vergleich mit der ethnographischen Erfahrung jener Gesellschaften, deren Realität die imaginäre Ethnographie verfehlt; denn die Darstellung dieser Erfahrung findet man im 19. Jahrhundert ebenso wie in anderen Epochen der europäischen Geschichte, bei Chamisso, bei Bastian u. a. Bei aller Verwandtschaft im einzelnen besteht ein grundsätzlicher Unterschied zwischen der imaginären Ethnographie eines Bachofen und der wenn auch spekulativen Ethnologie eines Morgan, der unter den Irokesen gelebt hatte.

In unserer Weltzivilisation, die zugleich exzessiv synkretistisch und auf das Neue fixiert ist, übersieht man fast, daß die anderen Gesellschaften über Lebens- und Kunstformen, Weltbilder und Erfahrungsweisen verfügen, *die wir nicht hätten erfinden können.* Zwar hat die moderne Kunst mit Formen experimentiert, die gelegentlich denen der »Primitiven« ähnlich sind, – aber sie bewahren immer das Gepräge der Moderne. Der »Stil« einer anderen Kultur läßt sich weder erträumen noch nachahmen. Deshalb ist die ethnographische Erfahrung singulär. Im Hinblick auf ihren Gegenstand erweist sich die ethnographische Imagination als beliebig.

Der unvermittelte Durchblick auf das Andere eröffnet sich in der »Feldforschung« durch die Teilhabe am Leben einer alternativen

Kultur, aber auch die Gegenstände des ethnographischen Museums geben ihn frei, wenn der Betrachter nicht in der Oberflächlichkeit synkretistischer Wahrnehmung befangen bleibt. So hat Dürer im Spannungsfeld von Imagination und Neugier die mexikanischen Geschenke des Cortés an Karl V. naiv bewundert, und die Sprödigkeit, mit der er sein fast mystisches Entzücken beschreibt, bezeichnet unverwechselbar die Erfahrung der ethnographischen Entdeckung:
»... und allerley wunderbahrlicher ding zu manigliche brauch, das do viel schöner an zu sehen ist dan wunderding... Und ich hab aber all mein lebtag nichts gesehen, das mein hercz also erfreuet hat als diese ding. Dann ich hab gesehen wunderliche künstliche ding und hab mich verwundert der subtilen jngenia der menschen in frembden landen. Und der ding weiß ich nit außzusprechen, die ich do gehabt hab.« (Tagebuch der niederländischen Reise, 27.VIII.–2.IX., 1520)

Der vorliegende Versuch, die imaginäre Ethnographie im Hinblick auf die ethnographische Erfahrung zu interpretieren, besteht aus zwei Studien, die beide Verkehrungsrelationen aufzeigen, die eine an der Mythologie, die andere an den Reisebeschreibungen des 19. Jahrhunderts.
Die romantische Mythologie, die von den Historikern der Ethnographie nur selten und beiläufig behandelt wird, vermittelt die Anthropologie des 18. Jahrhunderts gleichsam in einer inneren Umkehrung mit der positivistischen Ethnologie, die sich in der zweiten Hälfte des 19. Jahrhunderts als Fachwissenschaft etabliert. Die Entwicklung der romantischen Mythologie *von Winckelmann zu Bachofen* hat Alfred Baeumler 1926 in der Einleitung zu der Bachofenauswahl *Der Mythos von Orient und Okzident* als den Weg zur Wahrheit des Mythos dargelegt.
Es soll hier nicht entschieden werden, ob es nur ein äußerlicher Zufall war, daß Baeumlers Weg zu den Bücherverbrennungen des Faschismus geführt hat; aber der Ethnozentrismus, der Herrenwahn und die Repristination der »Tiefe«, durch die Baeumlers Mythologiegeschichte schrecklich ist, sind auf allerdings ambivalente Weise in der Mythologie des 19. Jahrhunderts vorgeprägt.
Die Studie über *Mythologie und Ethnozentrismus* geht nicht von Bachofen aus, sondern von Creuzer, dem Baeumler Mangel an »Tiefe« und Unfähigkeit zum »Apollinischen« nachgesagt hat. Als Intention wird Creuzers Mythologie ebenso gegen ihre »Herabsetzung« durch Hegel angeführt wie gegen Bachofens Versuch, das Ideal Winckelmanns

zu retten. Dabei wird Creuzers Symbolbegriff an der Allegorie gemessen, wie Herder sie aus dem Grund der Humanität begriffen hat.
In der zweiten Studie werden *Bastian und Malinowski* als gegensätzliche Möglichkeiten des ethnographischen Reisenden vorgestellt, als Modelle für die ethnographische Erfahrung des Rollentauschs – unter den Bedingungen der Distanz, die durch den Kolonialismus zwischen der bürgerlichen Gesellschaft und »den Primitiven« gesetzt ist.
Bastian war ein rastloser und einsamer Weltreisender, von der Angst besessen, die anderen Kulturen müßten ihre unersetzbare Eigentümlichkeit im Moment ihrer Berührung durch die Europäer einbüßen. Dagegen führte Malinowskis Reise im Grunde nur zu einem einzigen Volk, den Trobriandern, als deren Sprecher er sich, mit ironischer Distanz, bei seinem Versuch zur Rechtfertigung des »Wilden« ausgab.
Wie die Ethnographen, aber auf je eigene Weise, haben auch Gauguin und Nolde für einen Augenblick versucht, die Rolle des »Wilden« durchzuspielen. An den Werken Malinowskis, Gauguins und Noldes zeigt sich zugleich die Gefahr, daß der Gegenstand der ethnographischen Erfahrung im Moment seiner Darstellung in imaginäre Ethnographie zurücksinkt, indem er für die Seh- und Lesegewohnheiten der europäischen Kultur stilisiert wird.
In einer Umkehrung der verstellten Selbstdarstellung des Mythologen soll das letzte Kapitel das Motiv der verkehrten Welt abwandeln: Es berichtet von der Entdeckung und Interpretation der Europäer in der Auffassung eines anderen Volkes. Die eigene Kultur mit den Augen einer fremden sehen – das ist identisch mit der Anstrengung, eine andere Gesellschaft aus sich selbst zu verstehen. Muß ein solcher Versuch nicht daran scheitern, daß die »Erkenntnisperspektiven« am Ende doch nicht von gesellschaftlichen Interessen abzulösen sind? Ich glaube, daß die großen Ethnographen, Malinowski, Fortes, Evans-Pritchard u. a., durch ihr Verständnis von »primitiven« Völkern skeptisch geworden sind, fast insgeheim, gegen die Bedeutung, die wir Begriffen wie Gesellschaft, Interesse oder Perspektive beimessen. Jedenfalls wäre der Perspektivenwechsel, der selten expliziert wurde – und am schönsten in den Filmen von Jean Rouch –, aber der einzige Weg, auf dem man der Frage nachgehen kann, wie die Realität der Menschen in anderen Gesellschaften sich zu unserer Mythologie und zu unserem Selbstverständnis verhält.
Vorgezeichnet ist der Wechsel zwischen den Perspektiven verschiedener Kulturen in dem Rollentausch, den der Ethnograph erfährt, wenn er

in der Feldforschung die Rolle des Wissenschaftlers mit der des Fremden und des Gastes vertauscht. Nach und nach erlernt er die Rolle, in die er sich hineinversetzt sieht, und lernt, sich mit ihr abzufinden. So vermag er sich die Perspektive einer anderen Gesellschaft anzueignen. Laura Bohannan hat unter dem Titel *Return to Laughter* davon erzählt. Da dies nur ein Sonderfall der allgemeinen Erfahrung des gesellschaftlichen Rollenspiels ist, darf ich zur Verdeutlichung an die Geschichten Pirandellos erinnern:

»Vortrefflich. Eine andere ist Signorina Anita gewiß. Nicht nur das; sie ist noch viele und viele andere, nämlich so viele andere, wie die, denen sie bekannt ist und die sie kennt... Nun, hör zu. Je nach der Weise, wie er sie kennt, verleiht ihr jeder – nicht wahr? – eine bestimmte Realität... Weißt du, woraus diese Illusion entsteht, mein Freund? Aus der Tatsache, daß wir guten Glaubens der Ansicht sind, jedes Mal und in jeder unserer Handlungen ganz wir selber zu sein; während es doch leider durchaus nicht so ist.« (Pirandello, *Antwort*)

Mythologie und Ethnozentrismus

I. Creuzer und der Mythos des Orients

Winckelmann – Ideal und Karikatur

»Ich bin zuweilen nicht ungeneigt«, schreibt Lichtenberg, »zu glauben, daß Winckelmann entweder Eingebungen von irgend einem guten Geist gehabt, oder daß ihm der Drache seine Bemerkungen gebracht oder der Kobolt diktiert hat.«[1]

Winckelmann hat ein Ideal entworfen, welches zugleich das Maß war, an dem das Bürgertum die Physiognomie der menschlichen Rassen gemessen hat. Seine Kunstgeschichte kann als ästhetische Anthropologie gelesen werden; denn sie betrachtet die Kunstwerke im Hinblick auf die Natur, die sie nachahmen, und ihr ästhetisches Urteil gilt dem anthropologischen Typus, der im Werk erscheint und dessen Wert begründen soll. Winckelmanns Anthropologie ist an dem Mythologem vom Mittelpunkt der Welt orientiert und deshalb prägnant ethnozentrisch. Die verschiedenen »Klimate« der Erde sollen die Kunst auf doppelte Weise bestimmen: Sie prägen ihre Modelle und sie prägen die Denkart der Künstler. So soll das »feurige« Klima des Orients bewirken, daß sich die Phantasie erhitzt und in den Gehirnen eher abenteuerliche als schöne Figuren erzeugt werden.[2] Genauer ist es die Unterscheidung von Melancholie und Phlegma, durch die Winckelmann Ideal und Karikatur als gegensätzliche Steigerungen der Natur begründen will. Man kann dies in der *Geschichte der Kunst des Altertums* an der Differenzierung der anthropologischen Typen Ägyptens und Griechenlands beobachten.

Winckelmanns Bild der ägyptischen Melancholie läßt sich vielleicht am besten durch ein eigentümliches Detail verdeutlichen. »Ihre weiblichen Figuren«, so sagt er von den ägyptischen Frauenbildern, »haben, bei aller ihrer Dünnheit, die Brüste mit einem gar zu großen Überflusse behängt; und da die ägyptischen Künstler nach dem Zeugnisse eines Kirchenvaters die Natur nachgeahmt haben, wie sie dieselbe fanden, so konnte man auch aus ihren Figuren auf das Geschöpf des weiblichen Geschlechts daselbst schließen.« Die Natur sei den Ägyptern ungünstig gewesen, und in ihrer Melancholie hätten sie nicht ohne Despotie leben wollen und versucht, »sich durch heftige Mittel die Einbildung zu erhitzen und den Geist zu ermuntern«. Zusammenfassend findet Winckelmann eine klassische Formulierung: »Ihr Denken ging das

Natürliche vorbei und beschäftigte sich mit dem Geheimnisvollen.«[3] – Das griechische Phlegma dagegen verdankt sich der höchsten Gunst der Natur: Griechenland ist ihr *Mittelpunkt,* in dem Kälte und Hitze ausgeglichen sind, und je mehr sich die Natur ihrem Mittelpunkt nähert, desto »heiterer und fröhlicher« wird sie.[4] So hatten die griechischen Künstler nicht nur die schönsten Modelle, sondern auch die Freiheit, diese zu Götterbildern zu idealisieren, deren jugendliche Schönheit im Betrachter Ehrfurcht und Entzückung hervorgerufen habe – die »Seligkeit«, in der Winckelmann das Ziel aller Religionen erblickt.[5] Zu diesem Ziel müsse das ideale Bild von Empfindungen und Leidenschaften frei sein; da aber ein menschliches Gesicht nicht ohne Ausdruck gebildet werden kann, sei eine Leidenschaft zu suchen, die der Schönheit nicht nachteilig ist. Winckelmann findet diese Leidenschaft in der Todesfurcht: »Ein solcher Zustand, wo Empfindung und Überlegung aufhört, und welcher der Gleichgültigkeit ähnlich ist, verändert keine Züge der Gestalt und der Bildung.«[6] – Das Phlegma, Gleichgültigkeit und Todesfurcht, die beide die Angleichung an das Tote vorwegnehmen, bezeichnen die menschliche Gestalt, deren allegorische Rede verstummt, den absoluten Mittelpunkt der Natur. Will man die bürgerliche Verachtung der Physiognomien anderer Völker verstehen, so muß man sich dies Ideal des Klassizismus, das in den kosmetischen Vorstellungen der Moderne überdauert, vergegenwärtigen.

Winckelmann erscheint die Abweichung der anthropologischen Typen vom Ideal der Schönheit gleichsam als meßbar. Sie entspricht ihrer räumlichen Entfernung vom Mittelpunkt der Natur, weil zur Peripherie hin ein ungünstiges Klima zunehmend Mißgestalten bildet. »Die gepletschte Nase der Kalmücken, der Chinesen und anderer entlegenen Völker ist (...) eine Abweichung: denn sie unterbricht die Einheit der Formen (...). Der aufgeworfene schwülstige Mund, welchen die Mohren mit den Affen in ihrem Lande gemeinsam haben, ist ein überflüssiges Gewächs (...), welches die Hitze ihres Klimas verursacht.« Für Winckelmann steht fest, daß ein Chinese einen Chinesen nur schön finden kann, weil er sich *von Natur aus* einen falschen Begriff von der Schönheit macht.[7] Auch »jungen Leuten, bei welchen die Lüste in Wallung und Gärung sind«, wird ästhetisches Urteil abgesprochen, weil ihre Sinnlichkeit den Verstand verstelle.[8] Schließlich wird die Spekulation bemüht, um den absoluten Vorzug der weißen Rasse zu erweisen: »Da (...) die weiße Farbe diejenige ist, welche die mehrsten Lichtstrahlen zurückschickt, folglich sich empfindlicher macht, so wird auch ein schöner Körper desto schöner sein, je weißer er ist.« Allerdings führt

Winckelmann dazu auch einen Reisenden an, der versichert, »daß der tägliche Umgang mit Mohren das Widrige der Farbe benimmt und was schön an ihnen ist offenbart«.[9] – Solche Spekulationen mögen in ihrer Dürftigkeit harmlos sein, aber sie bilden eine Quelle des Rassismus. Die Schönheit ist weiß, rein und griechisch, nicht farbig, sinnlich und fremd: Darin zeigt sich etwas vom Narzißmus des einsamen Bürgers, der, dem idealen Anderen zugewendet, sich in ihm selbst betrachten will.

Die Verwirklichung von Winckelmanns Ideal findet man in der klassizistischen Kunst weit eher als in der griechischen, deren Wirksamkeit sich erschöpft hatte; im Mittelpunkt der Welt steht der Bürger. Der Apollo in dem Parnaß, den Raphael Mengs nach den Vorstellungen seines Lehrers für die Villa Albani gemalt hat, veranschaulicht durch die fade Allgemeinheit seines flachen und formlosen Körpers Winckelmanns Ideal der Ausdruckslosigkeit.[10] Die Idealgestalt ist absurd und unwirklich; sie trägt bereits den Charakter des Imaginären, das die Ethnographie des 19. Jahrhunderts bestimmt hat; denn sie entsteht nicht durch die Nachahmung der Antike, wie Winckelmann dachte, sondern durch die Verfremdung des Bürgers.

Guter Geist, Drache und Kobolt: Die Sprache eines Begeisterten, die Diffamierung des Anderen, des Nicht-Ideals – und das Ineinanderspielen von Ideal und Karikatur: der Kobolt, der die Selbstverherrlichung ins Lächerliche zieht. Unmittelbar nach den *Gedanken über die Nachahmung der Griechischen Werke in der Malerey und Bildhauerkunst* veröffentlicht Winckelmann ein anonymes *Sendschreiben,* in dem er sich als Kritiker Winckelmanns ausgibt. In dieser Rolle hebt er an klassischen Kunstwerken Abweichungen vom Ideal hervor, verteidigt die »Zauberei der Farben«, »Ausdruck und Wahrheit« und kritisiert die Allegorie, die »endlich aus allen Gebilden *Hieroglyphen*« mache.[11] Er stellt sich damit gegen das Allgemeine, in das der Gegenstand durch die Allegorie erhoben wird. Dem entspricht, daß er nun für die Niederländer und Bernini eintritt: »*Sie stellen die Menschen vor, wie sie sind.* In der Kunst ist nichts klein und geringe; und vielleicht ist auch aus den sogenannten holländischen Formen und Figuren ein Vortheil zu ziehen, so wie *Bernini* die Caricaturen genutzet hat. Dergleichen übertriebenen Figuren hat er, wie man versichert, eines der größten Stücke der Kunst zu danken gehabt, nämlich die *Freiheit seiner Hand;* und seitdem ich dieses gelesen, habe ich angefangen, etwas anders zu denken über die Caricaturen, und ich glaube, man habe einen großen Schritt in der Kunst gemachet, wenn man eine Fertigkeit in der derselben erlanget hat. Der Verfasser [d.h. der offizielle Winckelmann] gibt es als einen Vorzug bei den Künstlern des Altertums an, ›daß sie *über* die Grenzen der gemeinen Natur gegangen sind‹: thun unsere Meister in Caricaturen nicht eben dieses?«[12] – Man kann Winckelmanns gespielten Positionswechsel strukturell auch auf die anthropologischen Typen beziehen, weil er offensichtlich die Gebilde der »erhitzten Phantasie« des Orients ebenso nach dem Modell der Karikatur vorgestellt hat wie die mongolischen und afrikanischen Physiognomien.

Werner Hofmann hat Winckelmanns literarisches Spiel unter den Begriff des *Rollentauschs* gebracht, in dem er eine Signatur der Kunst um 1800 sieht.[13] Im folgenden wird sich noch zeigen, daß dieser Begriff auch einen Schlüssel zum Verständnis der Ethnographie bietet. Winkelmanns Sache war es allerding nicht einmal im Scherz, wie Justi sagt, die Rolle des »Gegners« konsequent durchzuspielen.[14] In der Folgezeit hat sich der »gute Geist« von der Anthropologie abgewendet; während der Drache sich zunehmend bemerkbar macht, scheint vor allem der Kobolt die Romantisierung des Ideals diktiert zu haben. Zuerst hat Creuzers Freund und Vorstreiter, Görres, den nicht-idealen Gebilden der orientalischen Phantasie gehuldigt – in einer Sprache, in der die Begeisterung nicht mehr frei ist von Demagogie.

Görres

Das Mythologem vom Mittelpunkt der Welt, das Winckelmann statisch verwendet hatte, wird von Görres geschichtsphilosophisch verflüssigt. In seiner *Mythengeschichte der asiatischen Welt* stellte er eine abstruse Spekulation an, durch die der »Mythos des Orients«, den er gemeinsam mit Creuzer imaginiert hatte, der Gegenwart nicht entgegengesetzt wird, sondern sie als ihr Ursprung verklären soll.

Görres konstruiert den Ethnozentrismus nach der so oft bemühten Analogie der Lebensalter, die er mit einer spekulativen Topographie verbindet. Die mythische Zeit habe die Naturoffenbarung im Mutterleib wie Blut getrunken; dann seien riesenhafte Sonnenlingams errichtet worden, in deren Innerem man die Phallagogien gefeiert habe, bis schließlich der Geist die stille Herrschaft des Gedankens errichtete. Topographisch gesehen ging dieses Wachstum der Historie vom Mittelpunkt der Welt aus, dem Kentalgebirge, das als der höchste Berg nach der Sintflut zuerst aus dem Wasser getaucht sei, und eine glückselige Insel, die erste Heimat der Menschen, gebildet habe. An diesem Mittelpunkt entspringen Gebirgsketten, die sich in die vier

Weltrichtungen hinziehen und sich an sekundären Mittelpunkten, dem Kaukasus, der Schweiz und Meroe, erneut in die Weltrichtungen teilen. In dem Maße, in dem die Menschheit anwuchs, traten diese Gebirgswege aus dem Wasser und die Völker ergossen sich wie Ströme über die Dämme zu neuen Inseln: Die Geschichte ist so anschaulich und übersichtlich, als hätte sie in einem Schaukasten Platz.[15]

Für Görres bedeutet die Entfernung vom Mittelpunkt keineswegs notwendig einen Abfall vom Ursprung. Durch die Geschichte zieht vielmehr, vom Mittelpunkt nach Europa, ein »Hauptstrom« und je entfernter ein Volk von ihm wohnt, desto mehr erstarrt in ihm die ursprüngliche religiöse Begeisterung, wie im Schamanismus, der nur »Blässe«, »trübe Beschränktheit« und »innere Lebensarmut« zeigt. In Amerika findet Görres nur in den »chinesischen Kolonien«, Peru und Mexiko, noch etwas Leben; Afrika und die Südsee aber sind »ganz in dumpfe thierische Bewußtlosigkeit« versunken. Nur im Hauptstrom der Geschichte steigt das Leben vom Phallus durch die Muskelkraft in den Kopf, der endlich als »das Höhere« in Europa in seine Rechte tritt.[16] Mit diesem »Leben« meint Görres nichts anderes als die zu Kopf steigende »Priesterweisheit«, d.h. die Astrologie und das Kastensystem. Denn auf der glückseligen Insel, auf der das Leben begann, hatten Priester »auf Erden alles geordnet, alle Kreise gezogen und die Kasten geschaart«; sie hatten den Himmel in den Tierkreis, die Planeten und ihre Häuser eingeteilt und die Zeit in Wochen, Monate und Festtage. Die »niederen Völker«, die Slawen, Mongolen, Chinesen und Neger seien von dieser Priesterlehre abgefallen, aber gerade durch diesen »Niederschlag« geläutert habe sich der Herzstamm in die europäische Blüte entfalten können; die weiße Rasse habe nur wachsen können, nachdem sie die schwarze von sich ausgeschieden hatte. Dies Wachstum denkt Görres als das der religiösen Begeisterung; deren Ursprung setzt er in den »Zeugungstrieb und das Aufglühen der Lebenskräfte, das den Generationsact begleitet«. Das Ausscheiden der schwarzen Rasse solle dann das Männliche, das stark und gut sei, vom »verächtlichen« Weiblichen »läutern«. – Wenn schließlich der Sonnenlingam in die gotischen Dome einkehrt, so hat sich die Geschichte vollendet.[17]

Winckelmanns Entgegensetzung von ägyptischer Melancholie und griechischem Phlegma mutet nun schon vergleichsweise harmlos an. Der »Mythos des Orients«, die Symbolik des Männlichen und Weiblichen, ist für Görres ein Mittel zur Propagierung der christlichen Mystik. Fast liest sich die *Mythengeschichte der asiatischen Welt,* als sei sie zur Missionierung asiatischer Völker geschrieben, aber im Europa der bürgerlichen Revolution sollte sie Priesterlehre und Kastensystem verteidigen, und in dem Abscheu vor den »niederen Völkern«, die davon abgefallen sind, erkennt man den Abscheu vor der modernen Masse.

Creuzer – Glauben und Wissen

Um die Verkehrungsrelation in dem Bild, das Creuzer im Anschluß an Görres vom Mythos des Orients entworfen hat, freizulegen, kann man von dem Ort ausgehen, der darin der Mythologie im Verhältnis zu Wissenschaft und Religion angewiesen wird. Historisch erweist sich dieser Ort als der einer Reinterpretation der mythologischen Tradition Europas, im Rücken der Aufklärung.

Friedrich Creuzers *Symbolik und Mythologie der alten Völker*[18] war in der ersten Hälfte des 19. Jahrhunderts ein viel benutztes Handbuch, das auch als ganzes und oft begeistert gelesen wurde. Es bot eine umfassende Darstellung und eine einheitliche Deutung der ägyptischen, indischen, persischen, vorderasiatischen und vor allem der griechischen und römischen Mythologie. Creuzer behandelte alle diese Traditionen in der Perspektive der neuplatonischen Mythostheorie und der spätantiken Mysterienkulte, die er gegen den herrschenden Klassizismus geltend machte. Er darf noch vor Görres und Schelling als der einflußreichste Mythologe der Romantik gelten: Die Altertumswissenschaft entnahm seinem Werk wichtige Impulse, obwohl sie es im ganzen ablehnte; Hegel und Schelling verteidigten es; Bachofen verwandelte es im evolutionistischen Sinn; Flaubert verwendete es für seine *Versuchung des hl. Antonius;* Nietzsche fand darin die Unterscheidung des Dionysischen und Apollinischen; und schließlich setzte sich noch Benjamin in seinem Versuch zur Rehabilitierung der Allegorie mit Creuzers Symbolbegriff auseinander.

Die Mythologie im Sinne Creuzers will weder als eine strenge Wissenschaft noch als ein religiöser Glaube verstanden werden, sondern als eine spezifische Erkenntnisweise, die Creuzer als *Betrachtung* bezeichnet. Mit »Betrachtung« übersetzt Creuzer das plotinische *theoria.* Ursprünglich habe es die Betrachtung des Himmels bezeichnet, die »Erhebung des Gemüts zum Unendlichen«, und das interessierte Anschauen, etwa die Befragung des Orakels. *Theoria* ist im neuplatonischen Sinn weder Reflexion noch ein reines »Schauen«, sondern ein Streben des Wissens nach dem Glauben, das von der Vielfalt der Natur zu dem Einen als dem Ursprung des Vielen führt.[19] Dies ist das Modell für die vergleichende Mythologie, die von den Göttern der Völker zu dem Einen strebt, dessen Offenbarung jene entsprungen seien, und in diesem Sinn erklärt es Creuzer ausdrücklich als seine Absicht, »in Untersuchungen über Religionen die *Religion* zu suchen«.[20]

Creuzers mythologisches Werk hat zwischen seiner Konzeption, 1806[21], und seiner dreißig Jahre späteren, letzten Fassung hinsichtlich der relativen Betonung von Wissen und Glauben eine Wandlung durchgemacht, in der sich das Aufkommen des Positivismus abspiegelt. Aufschluß darüber gibt die Veränderung des Titels des Hauptteils der *Symbolik und Mythologie der alten Völker*, der als Untertitel des Werkes gelten kann. Er lautet in der ersten Auflage, 1810, *Betrachtung der Gottheiten und des Götterdienstes;* das Interesse dieser Betrachtung ist religiös und gilt tatsächlich den Gottheiten selbst. In der zweiten Auflage, 1819, erhält dieser Titel den Zusatz »ethnographisch«: *Ethnographische Betrachtung der Gottheiten,* d.h. die Gottheiten werden in der Vielfalt der ethnischen, gentilen Überlieferungen betrachtet.[22] In der dritten Auflage, 1835, erscheint schließlich die ursprüngliche mystische Einleitung über den Symbolbegriff nur noch als Anhang, an ihre Stelle tritt eine historische Abhandlung über die griechische Religion und der Titel wird nun wissenschaftlich formuliert: *Ethnographische Betrachtung der alten heidnischen Religionen.* Die letzte Auflage zeigt auch im einzelnen viele Veränderungen, die der historischen Kritik gerecht werden sollen, aber die Absicht, durch die Ethnographie zur Theologie zu kommen, ist darin nur verborgen, nicht wirklich aufgegeben worden. Das ethnographische Interesse an der Einheit in der ethnischen Vielfalt, das Creuzer der neuplatonisch-christlichen Ausdeutung der *theologia gentilis* entnahm, bestimmte säkularisiert auch noch die Ethnologie des 19. Jahrhunderts, soweit sie am Problem des Mythos orientiert war.

Dem Begriff der Betrachtung entspricht, daß der Mythologe in Creuzers Auffassung sich zwar der Philologie bedient, sie aber auch übersteigen muß und der ihr eigenen Art der historischen Kritik nicht unterstellt ist. Mit der folgenden Spekulation versuchte Creuzer sein Verhältnis zur Philologie zu bestimmen und zu rechtfertigen: Der ursprüngliche Monotheismus hat sich mit der Trennung der Völker vervielfältigt zu Polytheismen, in denen sich das reine Licht der Uroffenbarung farbig bricht. Der Vergleich der Symbole und Mythen aller Völker zeigt ein ihnen Gemeinsames, in dem die ursprüngliche Wahrheit erkennbar wird, welche die Völker aus dem Orient erhalten haben. Die klassische

Philologie hat deshalb das Recht und die Aufgabe, die Lücken in den antiken Überlieferungen »aus den vollständigen Urkunden der altindischen und persischen Literatur auszufüllen«, die damals gerade erschlossen wurden.[23] Creuzer denkt dabei jedoch nicht an eine historische Rekonstruktion tatsächlicher Diffusionsprozesse, sondern an allegorische und symbolische Deutungen, von denen er glaubt, daß sie notwendig auf die orientalische Form jedes Mythos führen müßten. Diese Form stellt er unter dem Bild eines Saatkorns vor, das, selber »ein Bild der Unsterblichkeit«, »immer und immer dasselbe und doch wieder neu zum Vorschein kommt«; ebenso erleiden die orientalischen *»Originalgedanken«* in den Überlieferungen zwar »partielle Verfinsterungen«, der »Eingeweihte« aber wird sie überall und jederzeit in ihrer Ursprünglichkeit erkennen. Die Originalgedanken sind das Ziel der ethnographischen Betrachtung. Sie unterliegen nicht der geschichtlichen Veränderung, und deshalb kann auch ihre Erkenntnis nicht eigentlich historisch sein. Während die Philologie allenfalls das historische Alter eines mythischen Textes bestimmen kann, zielt die Mythologie auf ein Absolutes: »Hier kommt es nun nicht darauf an, *wann,* und in welchem Jahrhundert dieser Erklärer (der Eingeweihte) aufstehe, sondern *welcher Art* er ist, und welche geistige Sehkraft er hat.«[24] Die Erklärer bilden eine »priesterliche Kette«, die sich gleichbleibend durch die Geschichte hinzieht.[25] – Mit diesem folgenreichen Begriff der Originalgedanken hat Creuzer die Mythologie von der Geschichte abgetrennt; gerade durch das antihistorische Pathos wird zugleich aber auch die Ethnographie als Umkehrung und Ergänzung der Geschichtsphilosophie verständlich[26]: Sie will wie diese durch die Geschichte hindurch ein Absolutes erkennen, nur sucht sie dies Absolute als Ursprung, nicht als Vollendung der Geschichte.

Der gelehrte Mythologe war für Creuzer eine späte historische Form des Priesters, der in die »Originalgedanken« des Orients eingeweiht ist. Das soziale Verhältnis, in dem sich die Grundbeziehung des Symbols, die von Idee und Gestalt, abspiegelt, ist das Verhältnis von Priester und Volk. In der Urzeit, die keine Symbole und Mythen kannte, war dieser Dualismus bereits ausgeprägt: Auf der einen Seite gab es Ackerbauern, die die Ideen in reiner Form dachten, auf der anderen Hirten, die Sonne, Mond, Erde und Himmel sprachlos als unmittelbar göttlich verehrten. Diese Hirten wurden von orientalischen Priestern unterworfen, die sie in staatliche Ordnungen zwangen, sie den Ackerbau lehrten und ihnen *die Ideen in der Natur zeigten.* Die priesterliche Symbolik, die aus dieser Überlagerung entstanden ist, hat einen herrschaftlichen und zwingenden Charakter. In Creuzers Theorie ist der Gegensatz von Ackerbauern und Hirten, Priester und Volk, Orient und Antike, Monarchie und Demokratie, Idee und Gestalt unversöhnlich: Die Priester mußten dem Volk Geheimnisse vorenthalten, das Volk erhob sich gegen die Priester, die schließlich »die reinere Lehre der Mündigen in das Dunkel der Samothracischen, Attischen und anderer Mysterien, sowie in die Schranken esoterischer Philosophie« wieder verbergen mußten. Die Symbolik, die ursprünglich ein Mittel zur Aufklärung des Volkes war, wurde dadurch zu einem Mittel der Verhüllung, durch das die »Eingeweihten« sich der Demokratie zu entziehen suchten.[27]

Deutlich genug steht Creuzers Versuch, dem Gelehrten die Weihe orientalischer Priester zu verleihen, im Dienst einer Legitimierung der Restauration, mit der die öffentliche Wirkung seines Werkes historisch zusammenfällt. Sein antirepublikanisches Pathos ist das Pathos des Unpolitischen.

Wie dicht die romantische Mythologie an die bürgerliche »Entsagung« von der Gesellschaft gebunden ist, zeigt sich besonders deutlich an dem Bild, das Creuzer von den alexandrinischen Gelehrten gezeichnet hat: Die Eroberungen Alexanders hatten den Griechen erneut den geheimnisvollen Orient eröffnet, »die Eindrücke der äußeren Natur selbst, diese fremde und üppigere Vegetation, diese gewaltigeren animalischen Erscheinungen, und endlich die ungemessenen Zahlen und die Bedeutsamkeit in der Astrologie und Kosmogonie der Chaldäer«. Die symbolische Wirkung Alexandrias fiel zusammen mit dem »Untergang Griechischer Freiheit, der gänzlichen Umkehrung des gemeinen Wesens«, das den Geist beständig zum Handeln aufgefordert hatte. Die Gelehrsamkeit ist der Ersatz der Freiheit: »An die Stelle der sinnlichen Herrlichkeit antiken Bürgerlebens trat, als Trost in dem traurigen Schicksale, eine durch die Gunst gebildeter Könige verliehene gelehrte Muße«. Die Bibliothek Alexandrias ist der Ort, an dem der Mythos des Orients sich den griechischen Gelehrten erschließt, an dem sie »nachdenkend um das schweigende Symbol verweilen und sich forschend an die Hieroglyphik des nun vaterländischen Ägyptens wenden«. Creuzer faßt die Bedeutung Alexandrias in der Geschichte in eine an Hegel erinnernde Formulierung: »Der tausendfach angeregte, bereicherte und strebende Menschengeist wird auf sich selbst hingewiesen, und die Betrachtung kehrt ins Innere zurück.«[28] Darin klingt die große Parallele an, durch deren Annahme der Hellenismus im 19. Jahrhundert immer wieder als Modell der Interpretation der Gegenwart dienen konnte. In Creuzers Bild der Stadt Alexandria kann man das Heidelberg der

Romantik erkennen, wo die Lieder zu *Des Knaben Wunderhorn* gesammelt wurden und wo Görres und Creuzer es unternahmen, die »schweigenden Symbole« des Orients zu deuten.

Rückgriff auf die Astrologie

Creuzer fand den »Orient« als die geheimnisvolle Einheit in den ethnischen Überlieferungen im spätantiken Synkretismus und vor allem in der Astrologie, deren System er der Mythologie zugrunde legte. In der Spätantike war bekanntlich die Mythologie durch die zunächst nur nominelle Identifizierung der Götter mit den Planeten in das Schema der Astrologie gepreßt worden. Andererseits hatten die Griechen schon früh orientalische Spekulationen wie die Elementenlehre übernommen. Als gegen Ende des 18. Jahrhunderts orientalische, vor allem indische Kosmologien in Europa bekannt wurden, konnte deshalb der Eindruck entstehen, als bildeten die Überlieferungen des zeitgenössischen Orients insgesamt das Urbild, von dem die Griechen der klassischen Zeit abgefallen seien. Unter diesem Eindruck erhielt die Astrologie eine neue Bedeutung: Görres und Creuzer nahmen sie zwar nicht mehr in ihrem Anspruch ernst, sie konnten sie aber auch nicht nüchtern untersuchen; denn da sie anscheinend allen Hochkulturen bekannt gewesen war, erschien sie als verheißungsvoller Schlüssel zum Ursprung aller Mythologien. Da Creuzer von der geheimnisvollen Wahrheit der ursprünglichen Mythen überzeugt war, die Astrologie als Wissenschaft vom Einfluß der Sterne aber weder Glauben noch Interesse fand, mußte er die astrologischen Entsprechungen von Erde und Himmel, Mikrokosmos und Makrokosmos, als Symbole auffassen, nicht mehr als Kausalverhältnisse. Die europäische Astrologie hatte wissenschaftliches und klassifizierendes Denken vermischt. Mit der Freisetzung des mechanischen Kausalitätsbegriffs durch die Physik war es möglich geworden, die kosmologischen Klassifikationen, welche die Astrologie mit orientalischen Weltbildern teilte, aus dieser Vermischung zu lösen. Es war ein wichtiger Schritt zum Verständnis des klassifizierenden Denkens, an dieser Stelle den Symbolbegriff einzuführen.

Zum Verständnis dieses Schritts mag es hilfreich sein, den Aufbau von Klassifikationssystemen an einem Beispiel zu vergegenwärtigen: Im Schema des Antiochus wird den Tierkreiszeichen Widder, Löwe und Stier der Frühling zugeordnet, die Kindheit, die Luft, der Süden, warm-feucht, flüssig, das Blut, das sanguinische Temperament, und die

Farbe Rot; den Tierkreiszeichen Krebs, Löwe, Jungfrau entspricht der Sommer, die Jugend, das Feuer, der Osten, warm-trocken, fein, die Galle, das cholerische Temperament und die Farbe Gelb; usw.[29] Durch die Klassen kann durch immer fortgesetzte Assoziationen das Ganze der Welt in eine feste Ordnung, ein Weltbild, gebracht werden, an dem sich alles Denken und Handeln orientiert. Dabei ist das Prinzip der Klassenbildung historisch und ethnographisch weitaus konstanter als die inhaltliche Zusammensetzung der Klassen. Der Tierkreis, die Planeten und die vier Elemente, Weltrichtungen und Farben sind in vielen antiken und orientalischen Überlieferungen in einen im einzelnen wechselnden, aber strukturell gleichen Zusammenhang gebracht.[30]
Creuzer hat versucht, mit Hilfe der Astrologie die ihm bekannten antiken und orientalischen Überlieferungen zu synchronisieren. Seine Materialkenntnis war unzureichend, und ein solcher Versuch wäre auch heute noch undurchführbar und sinnlos. Die Astrologie war für ihn jedoch weniger ein Gegenstand historischer Forschung als ein Medium, durch das er seine Selbsterlebnisse auszudrücken suchte. Die symbolische Deutung basiert auf Assoziationen, denen das Ansehen vollkommener Willkür nur erspart bleibt, wenn sie durch ständige Wiederholung und wechselseitige Verbindung in ein System gebracht werden, das seinerseits jederzeit Assoziationsketten in Gang zu setzen vermag. So war das historisch-ethnographische Material der Astrologie für ihn nur ein *Anlaß*. Je fragmentarischer es ist, desto leichter läßt es sich assoziativ zu den Bildern ausgestalten, die zur Anschauung gelangen sollen. Eine solche Ergänzung von Fragmenten, deren ursprüngliche Verbindung mit einer anderen Kultur unbekannt ist, bedient sich der Phantasie auf eine naive Weise. Denn wenn die Phantasie nur mit den Elementen der Erfahrung spielt, so ist es nicht wahrscheinlich, daß sie eine Kultur nach Erfahrungen rekonstruiert, die einer anderen angehören. Nimmt man dagegen wie Creuzer »Originalgedanken« an, kulturübergreifende Archetypen, so ist nicht einzusehen, welchen Sinn die ethnographische Rekonstruktion spezifisch fremder Überlieferungen haben soll.
Man kann die typische Mischung von Philologie und freier Assoziation, die sich an Creuzers Namen geheftet hat, an einem einfachen Beispiel beobachten. Hellenistische Quellen und eine Vorliebe für Alexandria haben Creuzer dazu verleitet, die Astrologie besonders in dem Kapitel über Ägypten zu erläutern, das in den beiden ersten Auflagen der *Symbolik* die »ethnographische Betrachtung der Gottheiten« eröffnet. Er kannte die vermeintlich ägyptische Astrologie aus humanistischen und antiken, stoischen und neuplatonischen Quellen. Hinzu kamen die

Entdeckungen der napoleonischen Expedition, besonders der Tierkreis von Denderah. Der »ägyptische Hermes« wird als Symbol der Erfindung der Astrologie eingeführt. Er verkörpert die esoterische Überlieferung der Priester, die sich zur Religion des Osiris wie der Idealismus zum Materialismus verhalten soll. Hermes ist der Lichtgeist oder Genius des Sirius; als Thoth heißt er auch »die Säule«, die gleichfalls die priesterliche Wissenschaft versinnlicht. Hermes hat die Buchstaben erfunden, und da die Buchstaben in der Schrift aufeinanderfolgen, ist Hermes Symbol des diskursiven Denkens; als Thoth hat Hermes die Hieroglyphen erfunden, und die Säule ist daher Symbol des totalen hieroglyphischen Anschauens, Symbol des Symbols. Die Priester beobachteten den Aufgang des Sirius durch die Hörner einer Gazelle und entdeckten die Differenz von Sonnen- und Mondjahr durch den Vergleich des Heliakalaufgangs des Sirius mit dem nächsten Neumond: Daher ist Hermes das Symbol der Zeit. Umgekehrt ist das Gazellenhorn Symbol des Hermes. Hermes, der Sirius, die Gazelle, ihr Horn, die Priester, die Säule, die Schrift, das Denken: dies sind die Elemente einer Klasse, die Creuzer *»Ideenreihe«* nennt.[31] Solche durch den Mythos gedeuteten Symbole können geradezu wie Synonyma gegeneinander ausgetauscht werden. Im Mittelpunkt der »Ideenreihe« steht ein bestimmter, jährlich sich wiederholender Augenblick, der Aufgang des Sirius. Die Konstellation dieses Augenblicks *symbolisiert* die Zeit, die bis zu seiner Wiederholung vergehen wird: Die Stellung des Tierkreises, der Dekane, Paranatellonten und Planeten *»bezeichnet«* alle Augenblicke des kommenden Jahres, für jeden folgen »Ideenreihen«, welche die astronomische Zeit mit den Jahreszeiten und den wechselnden Tätigkeiten und Stimmungen der Menschen verknüpfen.

Creuzers »Ideenreihen« sind gegen die überlieferten eigenwillig, obwohl sie teilweise den gleichen Prinzipien der Assoziation folgen. Diese Assoziationen sind meist durchaus durchsichtig und nachvollziehbar, aber Creuzers Text ist dabei so rastlos und labyrintisch, daß der Leser nirgends einen Überblick gewinnt. Die Reihenfolge der Sätze ist über lange Passagen beliebig vertauschbar, jeder Satz könnte ebensogut für sich allein stehen: Gerade das begründet die berauschende Wirkung des Textes, der seitenlang jede logische Konsistenz aufhebt. »Aus dem Lichte des Sirius muß uns der Geist aufgehen; Licht, Sterne, Zeit, Eintheilung und Ordnung der Zeit sind die Keime, aus denen die ganze Hermesweisheit erwächst.«[32] Creuzers Mythologie ist eine amorphe Anhäufung, eine enthemmte Flut von Wort- und Bildphantasien, an denen der Leser sich berauschen kann, wenn er sich ihnen überläßt.[33]

Nirgends stößt Creuzer zu den komplizierten Problemen der Astrologie vor. Er führt statt dessen Mythen von Sonne, Mond und Erde unermüdlich in immer neuen Variationen auf; denn deren symbolische Wirkungen, der Wechsel in den Jahreszeiten und zwischen Tag und Nacht, sind leicht erlebbar, sie bilden den Grund von Creuzers Faszination. Nach dem Vorgang des spätantiken Synkretismus ließ sich alles als Bild der Sonne deuten, die ihrerseits eine Emanation des »Einen« ist. Die Sonne »spiegelt« sich im Mond wie der Himmel in der Erde; die Götter der Mythologie symbolisieren Aspekte der Himmelskörper, ihre Geschichten versinnlichen den Weg, den die Sonne durch das Jahr, d.h. den Tierkreis, geht. Alles Irdische verweist auf den Auf- und Untergang der Sonne, auf den Wechsel von Tag und Nacht: das Wachstum der Pflanzen, das Leben der Tiere und Menschen. Die einfachen Gegensätze in diesen Wandlungen bilden eine Reihe von Entsprechungen: Tag und Nacht, oben und unten, rechts und links, Mann und Frau, Sommer und Winter, Leben und Tod. Aus diesen Analogien soll das, was Creuzer die »Naturreligion« nennt, ihre »Ideenreihen« bilden. Dabei kann jeder dieser Gegensätze durch einen analogen Gegensatz der gleichen Reihe dargestellt werden; denn alle diese Paare verweisen gleichermaßen auf die Wandlungen der Sonne. Spiegelung und Gegensatz der Sonne selbst ist der Mond, dessen Symbole Nacht, Mutter und Herrschaft sind. Die »Ideenreihe«, die sich an den Mond anschließt, »spiegelt« die »Ideenreihe« der Sonne, sie enthält Wasser, Wahnsinn und Trauer. Die dritte und letzte der grundlegenden »Ideenreihen«, die der Erde, umfaßt Ackerbau, Nahrung, Gesetz und Ordnung – als Gegensatz und Vermittlung von solarer Freiheit und lunarer Herrschaft.[34]

Damit sind die Bausteine der romantischen Mythologie genannt. Es gibt eine Tradition in der deutschen Ethnologie, sie reicht über Bachofen und Frobenius bis hin zu Jensen, in der man den Symbolen dieser »Naturreligion« überall begegnet. Diese Symbolik kann überzeugend wirken, nicht weil sie aus den Quellen, den Mythologien, bestätigt würde – die symbolischen Deutungen müssen ja fast immer in die Mythen hineingelegt werden –, sondern weil sie dem symbolischen Erlebnis der europäischen Natur entspricht.[35] Die Symbolik, die Creuzer als Ethnographie ausgibt, wird verständlich nur als Verfremdung eines rauschhaft gesteigerten Selbsterlebnisses. Dies zeigt sich an dem Bild, das Creuzer von den Kulten gezeichnet hat, in denen die »Naturreligion« ihren Ausdruck sucht.

Die Kulte der Naturreligion

Wie die Symbole und Mythen sind auch die religiösen Kulte Darstellungen von Ideen. Wenn die Darsteller sich in die sinnliche Seite der Kulthandlungen verlieren, so fallen sie in den vorsymbolischen Fetischismus zurück. – Dieses Problem ist von besonderer Bedeutung, da Creuzer die affektive und moralische Unterlage aller Mythologie im Hinblick auf die Kulte zur Sprache bringt, wobei das schwärmerische Moment seiner Sehnsucht nach dem mythischen Orient besonders deutlich hervortritt.

Creuzer setzt unbekümmert den »Fetischismus« des zeitgenössischen Afrika mit dem der ersten Ägypter gleich. Diese waren Hirten und Fischer, die von »Abkömmlingen eines fremden edleren Stammes« unter »agrarische Kultur«, »bürgerliche Verfassung« und »Civilisation« gezwungen wurden. Ihr ursprünglicher Fetischismus wurde dabei zur Religion des Osiris »veredelt«. Dessen Legende ist eine Allegorie jener Eroberung: Isis habe, nach Diodor, die Glieder des Osiris nachgebildet und je eines davon den Priestern jedes Bezirks übergeben, in dem es fortan zusammen mit einem bestimmten Tier verehrt werden sollte. Die Tiere, die zuvor als *Fetische* verehrt worden waren, wurden dadurch zu *Symbolen:* in ihnen wird nun Osiris verehrt, der in den Tieren die Einheit der Bezirke des Landes repräsentieren soll. Dabei ist es gleichgültig, welche Tiergattung, welches Tier, im Kult verehrt wird, denn sie alle bedeuten dasselbe: Die heiligen Tiere sind nur eine Spiegelung des himmlischen Tierkreises, und die Bezirke Ägyptens verhalten sich zueinander wie dessen Zeichen, die Tempel sind Abbildungen der Planetenhäuser. Alles das symbolisiert zusammen wiederum die in allen Wandlungen immer gleiche Natur, Osiris, die Kraft und die Form, die sich durch die Exemplare der Gattungen reproduziert.[36] Creuzer läßt sich nur beiläufig auf die von Plutarch überlieferten phantasievollen Deutungen ein, mit denen bereits die Griechen versucht hatten, die Tierkulte der Ägypter verständlich zu machen. Er sieht in den Kulten vielmehr eine ursprüngliche Andacht des Volkes, die von den Priestern aufgegriffen und gesteigert werden konnte: Die Tiere sind »von Natur aus« Symbole einer Einigung des Menschen mit der Natur, denn in den Tieren erscheint die »Bewußtlosigkeit« der Natur in einer menschenähnlichen Gestalt, durch den Kult der Tiere nimmt der Mensch symbolisch »die *Entzweiung* mit der Natur durch die *Freiheit*« zurück und vereinigt sich mit der Schuldlosigkeit des Universums. Indes erweist sich diese priesterliche Idealisierung des

Fetischismus als zerbrechlich: Das Volk fällt von den Priestern ab, gibt seinen »natürlichen Regungen« nach und verfällt dem »häßlichen Fanatismus« des »Volkswahns«, einer »Verwirrung der religiösen Phantasie«: Zu Mendes habe der Ziegenbock »die befruchtende, zeugende Kraft der Natur und insbesondere der Sonne« symbolisiert, das Volk aber habe ihn nicht als Symbol, sondern als Fetisch verehrt und im Fanatismus hätten sich »sogar die Frauen jenes Cantons den Böcken preisgegeben«.[37] Dieser doch »natürliche« Fanatismus der Volksmassen ist für Creuzer die notwendige Voraussetzung der Mythologie, der affektive Untergrund, der von den Symbolen der Priester beherrscht werden muß.

Creuzer war in der Mythologie des 19. Jahrhunderts der erste, der chthonische, apollinische und dionysische Kulte unterschieden hat, und der erste, der insgeheim der Faszination des »Dionysischen« erlag. Dabei sind seine begrifflichen Bestimmungen dieser Prinzipien noch längst nicht so genau wie die späteren Bachofens oder Nietzsches. Die chthonischen Kulte sind auf die »Ideenreihe« der Erde bezogen und kulminieren in der Religion der Ceres; die chthonischen Gottheiten sind zugleich gut und schrecklich.[38] Die apollinischen und dionysischen Kulte werden zunächst am Gegensatz von Cithar und Flöte unterschieden: Die Cithar entsprach der »Einfalt des älteren sanfteren Gottesdienstes«, die Flöte der späteren »Ahnung des Unendlichen in der Natur«, sie drückte das »überwältigende Gefühl ihrer Wunder« aus, Enthusiasmus und Orgiasmus.[39] Creuzer hat dies »überwältigende Gefühl«, die dionysische Begeisterung, wiederholt als Umschlag der Melancholie in den Tanz beschrieben. So sagt er von den Bacchantinnen: »Als Grundzug ihres Wesens und als bleibenden Charakter dachte man sich jene stille Melancholie, die dann entsteht, wenn der unbewachte Geist sich im Abgrunde religiöser Gedanken, Ahnungen und Gefühle verliert. Jene finstere Verschlossenheit verkündigt äußerlich, was in den verborgenen Tiefen der Seele vorgeht. (...) Wird jene Fülle verschlossener Regungen und Gefühle frei gegeben und entfesselt, so tritt der Zustand festlicher Raserei ein, in der die Baccha oder Mänas die ausschweifendsten Dinge thut.«[40] – Ein zweites Beispiel für diesen Umschlag, aus einem ganz anderen Zusammenhang, verdeutlicht die Intensität der Imagination: »In Phrygien war es das heilige Mondshorn, das, schon in seiner gekrümmten Gestalt symbolisch, durch seinen schweren dumpfen Ton dem Sinne dieses düsteren, erwartungsvollen Tages eine gleichmäßige Haltung gab. Mit dem dritten Tage war Attis gefunden, und der Jubel über diesen Fund riß die lange zurückgehaltene

Manneskraft über alle Schranken hinaus und trieb sie auf dem Gipfel der Freude zu fanatischer Wut und blutigen Handlungen. Der rauschende Ton der Cymbeln und Handpauken, der Pfeiffen und Hörner, begleitete die enthusiastischen Tänze der bewaffneten Priester, die mit Kienfakkeln in der Hand, mit zerstreutem Haar und wildem Geschrei durch Berg und Thal rannten und ihre Arme und Füße verwundeten.«[41]
Creuzer hat noch nicht wie Bachofen die Verbindung von Symbolen zu den Assoziationskomplexen der Sonnen-, Mond und Vegetationskulte zur systematischen Differenzierung von Kulturen und Kulturstufen ausgeweitet, obwohl er bestimmte Kulte mit bestimmten Völkern verbunden hat. Seine Absicht war vielmehr, allgemein zu zeigen, daß die Kulte der »Naturreligion« symbolische Handlungen sind, mit denen die Menschen sich in Gleichklang mit der Natur versetzen. An Festtagen werden die jahreszeitlichen Wandlungen, unter die Symbolik des Geschlechts gestellt, in Kultszenen nachgespielt, in denen die Könige und Priester die Naturgötter symbolisieren, »damit der Mensch solcher Wunder gedenke; damit er in der Ordnung der Natur verharre, und sie verehre.«[42] An den folgenden Beispielen wird sich zeigen, wie *seltsam* Creuzers Vorstellungen in dieser Hinsicht sind. Die Wintersonne verhält sich in ihrer Erniedrigung zur siegreichen Sonne wie die Frau zum Mann; die Lydier begingen deshalb das Fest der Sonnenwende durch den Austausch von Männer- und Frauenkleidern, und nach Clearchus seien sie endlich so weit gegangen, sich eine Königin zu geben.[43] So kündigt sich das Thema des *Mutterrechts* an. Die gesellschaftliche Ordnung erscheint, durch den Kult vermittelt, als Nachahmung der natürlichen, die menschlich betrachtet wird, denn die Natur selbst ist ja ihrerseits nur ein Symbol der Idee. So symbolisieren die Amazonen und »begeisterten Frauenchöre«, die den Mondkult vom Schwarzen Meer und vom Kaukasus bis Ephesus trugen, den androgynen Aspekt des Mondes durch Verstümmelung der Brust und durch Verbindung mit Eunuchen: »Die Amazone war eine virago in einem kriegerischen Gestirndienste; so wie der Eunuch in demselben siderischen Orgiasmus das Weibische im Manne bedeutsam darzustellen suchte.«[44]
Creuzer beschreibt den »Orgiasmus« der Priester und Priesterinnen, ihre Kastration und ihre sexuellen Perversionen in einem eigentümlich salbungsvollen Ton. Die bürgerliche Moral vorausgesetzt, klingt es unglaubwürdig, daß diesen orientalischen Priestern »die Verbesserung der religiösen Erkenntnis« zu danken sei; daß dem sehnsüchtigen Betrachter etwa in dem Bild der begeisterten Frauenchöre die in ihm

niedergelegten »höheren Theologumene von Allgenugsamkeit« zur Anschauung kommen. Allzu offensichtlich haben die Bilder, die Creuzer heraufbeschwört, ihre eigene Macht, und der Verdacht liegt nahe, daß es nicht allein das Volk ist, das in den Orgien nur »die niedere Bedeutung einer Verbindung der aktiven und passiven Zeugungskraft« faßt, nicht aber den idealistischen Sinn, der sich nur auf dem »höheren Standpunkt« der Priester zeigt.[45] Die Kritik an Creuzer hat dies allzu künstliche Moment seiner Symbolik aufgegriffen, so daß er in der dritten Auflage der *Symbolik* schließlich selbst eingestehen mußte: »In der That waren die Mysterien mehrentheils nicht geeignet, den moralischen Zustand der Griechischen und Italischen Völker gründlich zu verbessern. (...) Man denke nur an die Mängel, womit sie behaftet waren, z. B. an die Bildersprache und Mythen, worein die hier vorkommenden Lehren eingekleidet waren; an das Ritual, an die großentheils nächtliche Feier; an die zum Teil sehr sinnlichen Szenen, worin hier die agrarischen Gottheiten als handelnde Personen dargestellt wurden; so dass was auch über den Sinn solcher Bilder, Mythen und Scenen vorgetragen wurde gegen das, was die Sinne und ihre Einbildungskraft so mächtig erregte, in den Hintergrund zurücktreten musste.«[46] Daß aber auch seine eigenen Sinne und seine Einbildungskraft und die seiner Leser von den Bildern selbst erregt werden könnte, hat Creuzer nicht in Rechnung gestellt, sah er sich doch auf doppelte Weise vor seinen Visionen geschützt. Er erkennt sie als Symbole und er betrachtet das Sinnliche vom Standpunkt einer Zivilisation, die sich dagegen gefeit glaubt. Deshalb setzt er dem eben angeführten Eingeständnis der »Mängel« der symbolischen Kulte noch hinzu: »Ueberhaupt ging diesen classischen Völkern des Alterthums ein über alle Mitglieder der bürgerlichen Gesellschaft sich erstreckender klarer und gründlicher Unterricht in dem Sinne ab, wie wir neuere Europäer und wir Deutsche zumal dieses Wort zu verstehen gewohnt sind.«

Voß – Satire auf Creuzer

Als Freud ein Jahrhundert nach Creuzer den Begriff des Symbols in die psychoanalytische Traumdeutung einführte, konnte er die Elemente dazu der Tradition der romantischen Mythologie entnehmen, die ihm durch Scherner vermittel war.[47] Das Grundverhältnis des Symbols, die Richtung vom Zeichen auf das eigentlich Gemeinte, hatte sich aber umgekehrt: Während für Creuzer das Geschlechtliche selbst ein Symbol für die Idee war, erschien nun das Geschlechtliche als das eigentlich Gemeinte der Symbole.

Überblickt man Creuzers System von Assoziationen, so zeigt sich, daß für ihn alle Symbole Geschlechtssymbole sind, auch wenn dies nicht jedesmal ausdrücklich gesagt wird.[48] Denn seiner synkretistischen Betrachtung erweisen sich alle Dinge als Symbole der Sonne, des Mondes oder der Erde – aber nur deshalb, weil in diesen wie in allen Dingen durch die Analogie zum Menschen das Geschlechtsverhältnis erscheint. So wird die anthropozentrisch betrachtete Natur durch ihre symbolischen Wirkungen sexualisiert und durch die Sexualisierung zum Zeichen der Ideen. Der Kult des Geschlechts bedeutet den Kult der Natur, der Phallus ist eine »allegorische Erinnerung an die Geheimnisse des Glaubens«.[49] – »So standen auch die Phallen (...) als bleibende Zeichen des Lebens und des *Bestehens;* Stand- und Bestandbilder in jedem Sinne, Unterpfänder der physischen und bürgerlichen Wohlfahrt.«[50]

Der vornehme Ton, in dem Creuzer »die edlere Lehre vom Phallus, die grossartigere« vortrug, lieferte seine gesamte Mythologie schutzlos der Satire aus. Wenn man die Sexualsymbole in Creuzers »Ideenreihen« auch an Stellen einsetzt, wo sie gemäß der assoziativen Logik einzusetzen, von Creuzer aber ausgelassen sind, so ergeben sich tatsächlich merkwürdige Verbindungen. Von dieser Möglichkeit hat sein begabtester Kritiker, Johann Heinrich Voß, Gebrauch gemacht. Seine *Antisymbolik* darf als Vorläufer psychoanalytischer Symboldeutungen gelten, denen es weniger um eine Idealisierung als um eine Enthüllung der Sexualität geht. Man kann zwar nicht sagen, daß Creuzer Sexualität symbolisch verhüllt habe, wohl aber, daß ihm sein eigenes Verhältnis zu der Mythologie, die er deuten wollte, nicht durchsichtig war – und diese Undurchsichtigkeit, diese spezifische Fremdheit ist es, durch die der mythische Grundton der *Symbolik* überhaupt möglich wird. Im wesentlichen besteht die Technik der *Antisymbolik* darin, die philologischen und theologischen Gedanken Creuzers unvermittelt neben seine Beschreibungen der Kulte zu setzen und seine zum Teil äußerst subtilen Assoziationen als Behauptungen von Kausalzusammenhängen beim Wort zu nehmen. Die folgenden Beispiele sollen zeigen, in welcher Weise Voß den bürgerlichen Realitätssinn gegen die romantische Schwärmerei geltend macht. So faßt er Creuzers Intuitionen über den orientalischen Ursprung der Dionysien folgendermaßen zusammen: »An solcher Schlußkette folgt dem Symboliker aus Indien her sein tobiger Schiwa-Dewanischa, mit den Orgien des Lingam, und erscheint

als Bacchos, als Adonis, als Osiris, als Sonnenincarnation, als Sonnenstier des Thierkreises, als thätig leidendes Mannweib, als göttlicher Androgyn, der im nächtlichen Sonnendienste durch Umtausch der Geschlechter (pfui!) verherrlicht ward, – Heil dem urweltlichen Sonnenstier mit thätigem Lingam, der zugleich eine Sonnenkuh mit leidender Yoni vorstellt!«[51] Voß konnte es sich auch nicht versagen, Creuzers These vom Überleben der Sonnen- und Vegetationskulte im Christentum so fortzuspinnen, daß die Auferstehung als *Erektion* erscheint: »Der Jahrsonner Sem-Herakles, gleich an Wesen dem Jahrsonner Osiris, und dem sonnenstirnigen Krischna, sinkt nach der Sommerwende, mit erschlaffender Gotteskraft, bis zum *tiefsten Zustande der Erniedrigung,* wo er absterbend der traurenden Naturgöttin Isis sein Hinteres voll Schwärze zukehrt; im Tode jedoch aus sich selbst wieder erzeugt, wendet er sich mit der Winterwende, und zeigt anwachsend der Naturherrin sein Vorderes in immer höherem *Zustande der Erection.* – O schandbare Besudelung des urreinen Christenthums!«[52] Voß geht aber auch über das bloße Fortspinnen Creuzerscher Assoziationen hinaus und hebt aus Creuzers Quellen hervor, was dieser stillschweigend übergangen oder falsch gelesen hatte. »Der Symboliker hüllt dieses entsetzliche Bild der Bacchanalien in den Schleier des Stillschweigens, und sagt bloß: ›Früher mögen die Etrusker bessere Liberalien (...) gehabt haben, als diese waren, die der Senat verbieten mußte: d.h. sie mögen für die Gebildeteren einen besseren Sinn in die Gebräuche zu legen gewußt haben.‹ Das sagt der Ehrwürdige, der ›den Umtausch der Geschlechtsverhältnisse, da Männer Weibliches litten‹ ohne Abscheu wie eine Religionshandlung aufstellt, ›wodurch der Sonnengott als Androgyn verherrlicht ward‹; der solch ein *Leiden,* selbst des hochherrlichen Sonnengottes, mit dem Namen der *Passion* heiliget; und der auf ›die heilige Sage der Argiver‹ hinweiset, wie sein Sonnengott Dionysos zu solcher Passion einem Phallus von Feigenholz sich bequemt habe: weshalb er den bedeutsamen Phallus von Feigenholz auch ›der großen Procession zu Lavinium‹, den wahren Bericht umgehend, durch drei falsche Citate zuschanzt.«[53]
Die Veröffentlichung der *Antisymbolik* fiel mit dem Ende der Heidelberger Romantik zusammen. Die späteren Mythologen mit einer Vorliebe für das Dionysische sollten ihre Geheimnisse gründlicher verbergen. Creuzer hatte eine öffentliche, aber weder wissenschaftliche noch literarische Rede über den tabuisierten Bezirk der Sexualität versucht. Im 19. Jahrhundert konnte der Symbolismus jedoch nur unter dem Ansehen der Wissenschaft oder unter dem der Kunst auftreten. Als

Freud die romantische Symbolik aufgriff, galt nicht mehr der Phallus als Symbol der Beständigkeit, sondern alles Stehende und Ragende als Symbol des Phallus; der menschliche Körper war das Geheimnis, von dem die Menschen in Symbolen träumen, die nur der Eingeweihte deuten kann. Die Mythologie galt nun als Quelle seines Wissens.

Mythologie und Gelehrsamkeit

»Entreisset diese Werke«, so läßt Creuzer einmal die Griechen von den Statuen sprechen, die im Museum abgeschieden sind, »den geschlossenen Sälen, welche nur an die engen Schranken einer jenen Denkmalen fremden Zeit erinnern; führet diese Götter und Göttinnen in die freie lebendige Natur, in weite Räume mit Fernsichten über Feld, Wald, Hügel und Gewässer; weiset ihnen in großen Weiten ihre natürlichen Wohnungen an, und ihr habt uns in ihrer Mitte von Raum und Zeit erlöset; ihr habt jene lebendigen Bilder in das Unendliche hingestellt; denn die freie Natur weiß nur von Jahres- und Tageszeiten –: Nichts von Zeitaltern und Jahrhunderten.«[54]

1806, mit dem Freitod Karoline von Günderodes, zeichnet sich in Creuzers Leben die Wende ab, bis zu der er versucht hatte, den Mythos von Antike und Orient in die Gegenwart einzuholen. Er hatte von der griechischen Kultur gesagt, daß man ohne sie »nichts ahnen kann von jener Macht des Genius, welche an das Göttliche im Menschen erinnert«, und »verweilend in dem Gebiete der Reflexion« könne man »die Seligkeit jenes Selbstvergessens nicht ahnen«.[55] Er hatte vom Mythologen gefordert, »daß er selbst unter den Trümmern der Vorzeit gewesen, daß er sich selbst den Weg gebahnt durch Schutt und Gesträuch«; daß er die Mythologie »reproduziere«: sie sollte wieder »den frischen Waldgeruch haben, wie der Hain, wo das graue Altertum opferte«, ihre Darstellung sollte das Fremdartige der Vorzeit dem praktischen Verständnis der Gegenwart erschließen.[56] Als Creuzer aber selbst an die Ausarbeitung der *Symbolik und Mythologie* ging, sagte er diesen Zielen ab; die antike Kultur sollte nicht mehr in das Leben der Gegenwart zurückgeholt werden, der Mythos wurde zum Ersatz für verlorenes Leben.

In dieser Wende ist das Aufkommen der Restauration zu erkennen, der auch von Creuzer selbst geforderte Verzicht auf »republikanische Freiheit« und der Rückzug auf den »Freistaat der Gelehrten«.[57] Daß Creuzer vor dem Widerspruch gegen die Gegenwart in die Bilderwelt des Orients flüchtete, wird allerdings auch aus seiner Persönlichkeit verständlich, die er selbst durch seine »deutsche Herkunft« geprägt glaubte, welche ihm ein »Fortleben unter todten Büchern« auferlegt habe.[58] Er hielt sich »für eine von den Naturen, die bei vielem inneren Leben eine unbesorgliche äußere Trägheit besitzen, die von innen heraus gern die Welt anschauen, aber um alles nicht in derselben handeln wollen; denen nichts verhaßter ist, als alles was man Geschäft nennt, d.h. diejenigen Complicationen, die sie daran erinnern würden, daß sie in einer bürgerlichen Welt leben«.[59] Wenn Creuzer vom Rausch des »Selbstvergessens« spricht, so ist damit wohl eine Entfremdung vom gesellschaftlich definierten Selbst gemeint, wie er sie in einem Brief an Karoline von Günderode beschrieben hat: »Es ist so das Bewußtsein von einem Ausscheiden, das, wenn es andauerte, das Selbst vom Selbst zu trennen vermöchte. Es ist nicht *Wille* dabei, vielmehr versuchte ich gestern in dunklem Nachsinnen den jetzigen Punkt meines Daseins, rückwärts gehend, anzuknüpfen an das, was mein vorheriges Leben ausfüllt. Aber da ward mir alles noch fremder.«[60] Man kann vermuten, daß die »Fremdheit« des imaginären Orients dieser an sich selbst erlebten Fremdheit des Subjekts entsprungen ist.

In der Mythologie hat Creuzer die bedrängenden Bilder seines »inneren Lebens« dargestellt, die in der »bürgerlichen Welt« nicht zur Sprache kommen durften. Viele seiner Texte, auch solche, die nicht als symbolisch gekennzeichnet sind, haben – gewußt oder ungewußt – eine heimliche Bedeutung; seine gelehrten Ausführungen verbergen bis in die unzähligen Fußnoten und Verweisungen Gefühle und Bilder, die der Leser, der ihnen nachgeht, allerdings leicht versteht.[61] Creuzer war sich bewußt, durch seine Symbolik das auszusprechen, was seine idealistischen und klassizistischen Zeitgenossen zwar wohl wußten, aber nicht wahrnehmen wollten: Den »Ästhetikern und poetischen Geistern«, schreibt er noch in der Einleitung zur dritten Auflage der *Symbolik*, »ist es lästig, daran erinnert zu werden, aus welch einem tiefen Gefühl des Verfalls und der Hülflosigkeit des Menschengeschlechts die edelsten und tiefsinnigsten Dichtungen und Allegorien der Alten hervorgegangen sind. Nach den letzten Gründen jener Lehren und Dichtungen zu fragen, und sich in der Mythen- und Religionsgeschichte auf die ewig unabweislichen Bedürfnisse der menschlichen Seele einzulassen, heißt jenen Kunstjüngern und Ästhetikern ein Verstoß gegen die gute Lebensart.«[62]

Aus dem Briefwechsel mit Karoline von Günderode geht hervor, daß Creuzer sich der Ersetzung des »sinnlichen Lebens« durch die »gelehrte

Muße« widersetzt hat und von der Gesellschaft zur »Entsagung« gezwungen wurde. »Es liegt ein Irrtum dabei zu Grunde: ich soll in meinem wissenschaftlichen Leben nicht gestört sein (...), und nun wird alle meine Lust am Leben überhaupt vernichtet.«[63] Die Melancholie, die Trauer über das Verlorene, die in Creuzers Symbolik verborgen ist und den eintönigen Grund seiner imaginären Ethnographie bildet, kommt in einem Brief zum Ausdruck, den er am 1. Mai 1806 an Karoline von Günderode geschrieben hat: »In meiner Betrübnis denke ich zuweilen: es werde wohl doch noch dahin kommen, wohin mich einst die Kunigunde kalt hingewiesen: Ei, einem rechten Gelehrten müsse die Wissenschaft Alles sein, und das könne auch mir genügen. – So wird es sein müssen, wenn der Freund mich aufgibt./Da werde ich ganz zurückgewiesen aus Gegenwart und Leben dem Alterthum angehören./ Wie wird es mir da sein? O, ich fühle es deutlich:/Es wird ein Wandeln sein in einer ernsten Nacht. Ich werde um mich fühlen in der Finsterniß und Marmorwerk eines Meisters ergreifen – im Dämmerlicht werde ich Götterbilder sehen und Säulengänge und Hallen von großartigem Bau, und Sphinxe werden stumm am Eingang liegen. Aller Schauer wird mich fassen über der stillen Größe und der Schmerz der Einsamkeit, und ich werde zwei warme Hände suchen, die mich führen, zwei Augen wie Sterne, die mir leuchten und einen begeisterten Blick einer frommen Seherin, die die Räthsel der Sphinx mir löse aus heiligem Gemüthe und mir das Ferne und Fremde der Vorwelt heimlich und menschlich nahe bringe in ein liebes warmes Leben – und das Alles wird nicht mehr zu finden sein.«[64]

Mythologie als Versuchung

Flaubert hätte Creuzers Mythologie nicht nur Material zu seiner *Versuchung des hl. Antonius* entnehmen können, sondern auch das Modell einer Einstellung zum Mythos[65]; denn daß Creuzer seine Selbsterlebnisse in die Überlieferung eingelegt hat, darf nicht darüber täuschen, daß er, wenn nicht als christlicher Heiliger, so doch als bürgerlicher Gelehrter des 19. Jahrhunderts den Mythos auch als *Versuchung* erfahren hat. Überlieferung und Imagination lassen sich im Hinblick auf diese Erfahrung nicht eindeutig voneinander trennen.
In den labyrinthischen Gängen der *Symbolik,* ihren Verweisen und philologischen Erörterungen findet der Leser kaum einen festen Punkt, weder Überblick noch Ausweg. In Serien von Lautassoziationen und

Etymologien verwandelt sich jedes in etwas anderes, nichts ist mit sich identisch. Zwischen Indien und Ägypten, Persien und Griechenland springen die Bilder hin und her; das Ding ist eine Idee, die Idee eine andere und wieder ein Ding, ein Gott, eine Abspiegelung, Nymphe oder Lotus – und das »Eine«, in dem alles seine Identität finden soll, ist leer. Das »ist«, das das Zeichen und das Gemeinte des Symbols verbindet, bezeichnet die Verkleidung des einen in das andere, das sich als wieder anderes enthüllt.

Manchmal verlangsamen, sammeln und verdichten sich die »Ideenreihen« um symbolische Pflanzen, die pränatales Leben zur Anschauung zu bringen scheinen: Der Lotus »ist die heiligste Pflanze des Aegyptiers, denn sie verschließt die Geheimnisse der Götter. (...) In ihr stellte die Erde, die vom Nil geschwängerte Erde selber, für die Volksanschauung ein Bild jener mystischen Ehe der beiden Landesgottheiten auf. So ward der Lotuskelch in religiöser Betrachtungsart zum Mutterschosse der Grossen Rhea gesteigert, und Staubfäden und Pistill erinnern in ihrer Verbindung an die Vereinigung des Götterpaares – Isis und Osiris – schon im Schosse der Mutter.« – »Lotus war, nach des Aegyptiers Ansicht, das Schöpfungsbild aus den Wassern; Götter und Göttinnen steigen aus ihrem Kelche auf.«[66]

Außerhalb der Geborgenheit und Selbstgenügsamkeit, die der Lotus versinnlicht, ist die Welt Versuchung und Täuschung. Als Symbol ist die Welt eine Welt des Scheins, deshalb kann jedes Ding jedes andere sein. Die Deutung des Symbols kehrt nur ein anderes Symbol hervor. In der indischen Überlieferung fand Creuzer diese Weltansicht ausgesprochen: »Das Wesen der Wesen (...) ruht (...) in seinen eigenen Tiefen. Aber von außen hat es sich umgeben mit der Maja, mit dem freudigen Selbstvergessen, wie mit einem Mantel oder Kleide (...). In Bezug auf das Wesen der Wesen (...) da ist es Schein, Täuschung. (...) Alles Schaffen ist Spielen der Gottheit (...). Die Dinge sind und sind nicht (...). Die Liebe ist Weltmutter, aber was sie geboren hat, ist im bloßen Scheine geboren, es ist ein Scheinbild, es sind Zaubergärten, die mit dem Beschwörungsworte wieder in sich selbst versinken.«[67] Scheinbilder und Zaubergärten sind auch die Gestalten, die aus den Zeilen der Bücher und in Creuzers Imagination aufsteigen. – »Oannes, ein Ungeheuer mit zwei Füssen, (...) fast ganz Fisch, nur daß die Menschenfüsse aus dem Fischschwanze hervortraten, tauchte jeden Morgen aus dem rothen Meere auf.«[68] Es ist Aphrodite, die ursprünglich ein Fischweib war, und in deren Attributen das Ungeheuer noch erkennbar ist.[69] Dies sind *»Erinnerungen aus der Urgeschichte unseres Geschlechts«*[70], aber die

Symbolik lehrt uns, Oannes als bloße Zusammensetzung zweier Bilder, des Wassermanns und des Fisches, zu erkennen.[71] Mit dem Beschwörungswort der Symbolik müssen die Scheinbilder und Zaubergärten versinken und die Versuchungen weichen.
Die Beunruhigung, die von Creuzers Visionen ausgeht, hat sich den zeitgenössischen Lesern mitgeteilt. Sie waren weniger an Fremdartigkeiten gewöhnt als moderne Leser und wohl auch weniger bereit, sich auf die einzulassen. Sulpiz Boisseree hat ein Gespräch aufgezeichnet, in dem Goethe sich über Creuzers *Symbolik* außerordentlich erregte. Der Grund dieser Erregung war nicht die neuplatonische Deutung der Symbolik des Orients, denn in dieser Hinsicht hatte Goethe mit dem *Diwan* ja selbst einen verwandten Versuch unternommen, sondern der Charakter des Imaginären und Ungreifbaren, durch den Creuzers Darstellung so irritierend wirkt. »Ich bin ein Plastiker«, sagte Goethe, »auf die Büste der Juno Ludovisi im Saal zeigend, habe gesucht mir die Natur und die Welt klar zu machen und nun kommen die Kerls, machen einen Dunst, zeigen mir die Dinge bald in der Ferne, bald in einer erdrückenden Nähe, wie Ombres Chinoises – das hole der Teufel!«[72] Diese Furcht hat Goethe in der *Klassischen Walpurgisnacht* gerade vom Standpunkt des »Plastikers« aus dargestellt und durch die Wendung ins Handgreiflich-Komische zu bannen versucht. – »*Lamien:* Nun mischt er sich in unsre Scharen; Laßt nach und nach die Masken fahren und gebt ihm euer Wesen bloß. – *Mephisto:* Ich griff nach holden Maskenzügen und faßte Wesen, daß mich's schauerte (...) Ich möchte gerne mich betrügen, wenn es nur länger dauerte.« Creuzer aber wollte nicht nach den Gestalten seiner Imagination greifen und sich nicht in den Maskenzug einmischen. Er hat die Mythologie als faszinierter Zuschauer betrachtet. Über seine Bühne zieht von Osten ein endloser Maskenzug mißgestalteter Ungeheuer und tanzender Mänaden. Der Zuschauer ahnt, daß es nur wenige Schauspieler sind, immer neu maskiert, enthüllt und verkleidet. Zeigten sie ihr wahres Gesicht, so wäre der Mythos zuende.

II. Verfremdung der Mythologie

Herder – Allegorie und analogia entis

Im 19. Jahrhundert wird die Mythologie, die bis ins 18. Jahrhundert ein fester Bestandteil der Tradition gewesen war und von der die Kunst einen selbstverständlichen Gebrauch gemacht hatte, zunehmend zum Problem: Sie wird zu einem Bezirk der Fremdheit, in den der Mythologe sich vor der Entzauberung der Welt zu flüchten sucht, der umgekehrt als fremder aber auch nach einer vernünftigen Erklärung zu verlangen scheint. Da die Mythologie des 19. Jahrhunderts sich als Auslegung von symbolischen Formen versteht, bietet die Entwicklung der Begriffe von Allegorie, Symbol und Mythos [1] von Herder zu Creuzer und Hegel einen Einblick in die Prozesse der Verfremdung des symbolischen Selbsterlebnisses, das als fremdartiger Mythos des Orients zur Aufgabe der Wissenschaft wird.

Aus der Theorie der sinnlichen Empfindungen hat Herder den Begriff der Allegorie entwickelt: Indem wir in dem Chaos unserer Empfindungen Einheit schaffen, Gegenstände voneinander trennen, sie mit dem »Gepräge unseres Bewußtseins« bezeichnen, verwandeln wir die Gegenstände in Bilder, die entweder vor Augen stehen oder in der Einbildungskraft als Phantasien dargestellt sind. Die Umsetzung der Gegenstände in Bilder und die Umsetzung der Bilder in Worte oder Zeichen ist nur möglich durch die Kommunikabilität der verschiedenen Sinne, deren Harmonie Herder die »innere Form« oder die Perfektibilität des Menschen nennt. Aus der Vielfalt der Gegenstände, den verschiedenen Möglichkeiten der Kommunikation der Sinne und ihren möglichen Harmonien folgt, daß alle Bilder ständig neu geschaffen und neu mitgeteilt werden. Herder vergleicht deshalb das Leben selbst mit der Poetik: »Wir sehen nicht, sondern wir erschaffen uns Bilder.« [2] Dieser Vergleich gilt aber auch in der entgegengesetzten Richtung – darin liegt die polemische Absicht des Arguments: Die Poetik soll ihre Bilder nicht aus der Überlieferung nehmen, sondern aus dem Leben, aus der Anschauung der Gegenstände selbst; denn nur solche Bilder seien wahr und lebendig, nur solche Bilder könnten klar vorgestellt werden, die das wiedergeben, »was beim Genuß eines Gegenstands auf Einmal gefühlt wird«. [3]

Die Empfindungs- und Denkart, die Gegenstände in Bilder übersetzt und die Bilder zu Dichtungen gestaltet, ist notwendig anthropozentrisch, d.h. sie bezieht die Dinge auf die Gestalt des Menschen. Sie schließt aus den Wirkungen auf eine wirkende Kraft und stellt diese als Person dar; sie überträgt Eigenschaften des Menschen, die Verhältnisse der Geschlechter und Lebensalter, Liebe und Haß, Vereinigung und Trennung, Werden und Vergehen, auf die Phänomene der Natur. Herder beobachtet das Analogisieren von Menschen und Natur in jeder Art, die Natur zu betrachten. So ordnet die Naturgeschichte nach Verwandtschaften, Ähnlichkeiten und Geschlechtern. Aber ihre »kalte Besonnenheit ist ein künstlicher, durch Erfahrung, Lehre und Gewohnheit allmählich erworbener Zustand, dessen Besitz in völlig unerwarteten Fällen zu erhalten oft schwer wird«. Wissenschaftliche und poetische Naturbetrachtung gehen also gleichermaßen von den Analogien zwischen Mensch und Natur aus, beide sind bildlich, aber ihr Verhältnis zu den Affekten unterscheidet sie. Herder stellt eine Reihe von Zuständen zusammen, in denen die erworbene Konvention außer Kraft gesetzt ist: »Sinnliche Menschen, Kinder, Weiber, Menschen in Leidenschaft, in Verrückung, im Traum der Gedanken, sogar in jedem Augenblick, da sie nicht auf ihrer Hut sind«, empfinden ebenso wie die »Wilden« über die einfache Analogie von Mensch und Natur hinaus die Gegenstände auch als menschlich belebt. Hier wird die mythologische Belebung der nüchternen Beobachtung der Natur nicht entgegengesetzt, sie erscheint nicht fremd und unverständlich. So fordert Herder eine Sammlung der Personifikationen von den verschiedenen Völkern und erhofft sich davon die *»Geschichte eines vernünftigen Wahnsinns«,* der überall Methode zeigt.[4]

Symbole sind im Gegensatz zu Allegorien gesetzte Zeichen, die nicht aus sich selbst verständlich sind, sondern nur aus der Kenntnis der Überlieferung, in der sie stehen. Künstler und Dichter ahmen die Allegorien der Natur nach, je genauer, desto näher sind sie der Wahrheit. Wahrheit, Lebhaftigkeit und Klarheit sind als Gesetze der bedeutsamen Natur auch Gesetze der Kunst. Wie die Natur ohne weitere Erklärung bedeutet, so sollen auch die Gestalten der Kunst aus sich selbst verständlich sein: »Jede Gestalt bedeutet ihre Idee«[5]. Wenn der Künstler nicht nach der Natur bildet, sondern überlieferte Vorbilder nachahmt, so degenerieren die Allegorien zu Symbolen. Diese Herabsetzung des Symbols als bloße Konvention entspricht der Abkehr von der Überlieferung als einem gültigen Dogma; und diese Abkehr liegt auch der Verwerfung der Allegorie im 19. Jahrhundert zugrunde.

Es scheint, als hätten Herders Nachfolger nur die Worte Allegorie und Symbol ausgetauscht, seine Begriffe und Wertschätzungen aber bewahrt. Tatsächlich hat sich jedoch das Problem der Hermeneutik von Allegorie und Symbol seit dem Idealismus auf ganz neue Weise gestellt. Herders Allegoriebegriff trägt zwar bereits klassizistische Züge, er ist aber nur auf einem spezifisch theologischen Hintergrund denkbar, den das 19. Jahrhundert nicht mehr anerkennen wollte. Dies zeigt sich deutlich an Herders Auseinandersetzung mit Kants *Kritik der Urteilskraft,* die den neuen Symbolbegriff zum ersten Mal formuliert. Kant wendet sich ausdrücklich gegen die Auffassung der Symbole als Konventionen: »Es ist ein von den neueren Logikern zwar angenommener, aber sinnverkehrender, unrechter Gebrauch des Worts *symbolisch,* wenn man es der *intuitiven* Vorstellungsart entgegensetzt; denn die symbolische ist nur eine Art der intuitiven. Die letztere (die intuitive) kann nämlich in die *schematische* und in die *symbolische* Vorstellungsart eingeteilt werden. Beide sind Hypotyposen, d.i. Darstellungen; nicht bloße Charakterismen, d.i. Bezeichnungen der Begriffe durch begleitende sinnliche Zeichen, die gar nichts zu der Anschauung des Objekts Gehöriges enthalten (...); dergleichen sind entweder Worte oder sichtbare (algebraische, selbst mimische) Zeichen, als bloße *Ausdrücke* für Begriffe.«[6] – Danach könnte es zunächst scheinen, als entspräche Herders Unterscheidung von Allegorien und Symbolen derjenigen Kants von Hypotyposen und Charakterismen. In der *Kalligone* hält Herder jedoch daran fest, daß Symbole nur aus der Kenntnis einer Überlieferung verständlich sind. Seine Kritik beruht darauf, daß er Kants Voraussetzung einer Nichtidentität von Idee und Anschauung nicht teilt, daß für ihn ein Begriff, »dem keine sinnliche Anschauung angemessen sein kann«, nicht existiert.[7] Darstellungen, die dem Begriff angemessen, d.h. »natürlich«, sind, nennt Herder in diesem Zusammenhang »Natursymbole«.[8] Die Möglichkeit von Natursymbolen wird wiederum damit begründet, daß »jedes Ding bedeutet, d.i. es trägt die Gestalt dessen was es ist«.[9] Wenn deshalb die Kunst Begriffe darstellt, so müssen ihre Gestalten »Naturgestalten so nahe kommen, daß sie (...) Symbole und Nicht-Symbole zu sein scheinen«; und ebensolche »Nicht- oder Natursymbole« sieht Herder in den »Allegorien« der Griechen.[10] Wenn dagegen eine Darstellung ihrem Begriff nicht angemessen – d.h. »symbolisch« – ist, so ist ihre Bedeutung überhaupt nur aus der Konvention erkennbar. Die Symbole drücken dann zwar Begriffe aus, aber diese Begriffe werden nicht *»in«* ihnen erkannt, wie Kant sagt, sondern *»an«* ihnen. Wenn ein Betrachter einen Begriff an einem

Symbol erkannt hat, kann er darüber hinaus über den Grund nachdenken, aus dem gerade *dieses* Symbol *diesen* Begriff bezeichnet; denn jede Konvention ist einer Nachahmung der Natur entsprungen, von der sie sich mehr oder weniger entfernt hat.[11] Dies nennt Herder den »Weg der Intuition«, auf dem man mehr oder weniger weit gelangen mag. – Herder und Kant bezeichnen also dieselben Darstellungen als Symbole, wenn sie deren Begriff auch verschieden entwickeln; und das, was Herder Allegorie nennt, ist für Kant überhaupt nicht denkbar.

Herder verwendet den Begriff des Symbols jedoch auch in einem anderen Sinn, der sich an den »pythagoreischen« Gebrauch des Wortes zur Bezeichnung »eines *geheimen höheren* Sinnes« anschließt. Er geht dabei von »Fiktionen« aus, die nicht Abbilder der bedeutenden Natur sein können. Denn die Phantasie »ruft nicht etwa nur gesehene, in uns begrabne Gestalten, wie sie uns einst erschienen, aus der Vergangenheit hervor; auch nie gesehene Gestalten läßt sie auftreten«. Solche Gestalten, in denen Bruchstücke aus der Natur in einer ihr fremden Weise zusammengesetzt sind, heißen »Symbole«. Sie sind zwar fiktiv, aber »im Reich des Verstandes« wahr. Sie lassen sich nicht in beliebiger Zahl erfinden: Bei den größten Dichtern und den entferntesten Nationen müssen sie »auf wenige Hauptformen zusammentreffen«, die nur nach Sprache, Klima und Lebensweise variieren.[12] Obwohl solche Symbole nicht wie Allegorien aus der Natur verständlich sind, sind ihre Bedeutungen doch ohne Kenntnis einer besonderen Konvention klar; denn sie folgen aus einer Überlieferung, die allen Völkern gemeinsam ist und in allen Variationen entziffert werden kann.

Die zentrale Bedeutung, die den Symbolen im »pythagoreischen« Sinn in einem Teil des Herderschen Werkes eingeräumt wird, und die enge Bindung an die *analogia entis,* die sie mit den Allegorien teilen, tritt besonders deutlich in dem frühen Buch über die *Älteste Urkunde des Menschengeschlechts* hervor. Herder deutet darin einen Kreis von Symbolen als Darstellung der bedeutsamen Morgendämmerung: Die biblische Schöpfungsgeschichte ist in ihrer siebenfachen Gliederung in Licht, Himmel, Erde, Lichter, Himmels- und Erdgeschöpfe und den Sabbath ein Bild Gottes und seines »Ebenbildes«, des Menschen. Herder entdeckt die in Triaden gegliederte Siebenzahl in den Überlieferungen aller Völker und Zeiten: er nennt sie ein Symbol, und zwar das erste, das alle Naturlehre, Moral, Religion, Zeitrechnung, Schrift und Sprache enthält. Das Symbol ist dabei im Sinne eines barocken Meditationsbildes gedacht; deshalb heißt es »Spielfigur«, »Gedächtnisbild« und »Denkbild«, an dem Wahrnehmung und Denken der

Menschen sich orientiert; es ermöglicht eine Mnemotechnik, durch die der Mensch Ordnung und Bestand schafft. In den Symbolen Ägyptens, Phöniziens, Persiens, der jonischen Philosophie, der Kabbala und der biblischen Schöpfungsgeschichte sieht Herder nichts anderes als eine Darstellung der siebenfach gegliederten Morgendämmerung, in der das Ganze von Gott, Mensch und Welt zur Anschauung kommt. Er übersetzt nicht die Gestalt, sondern die Bedeutung der Symbole in die sichtbare Natur, die allein eine vollkommene Allegorie ist. Der Appellcharakter dieser historischen Deutung der Symbole ist offenkundig: Sie soll den »Religionsläugner« von der einfachen Wahrheit der Offenbarung überzeugen.[13] Dieselbe Absicht hat Herder auch mit dem Buch *Vom Geist der ebräischen Poesie* verfolgt, in dem der »geheimnisvolle« Überschuß, den die Menschen in die Symbole eingelegt haben, aufgeklärt werden und dem »kalten Bestreben« weichen soll, »sich unberauscht von Glossen und geheimer Bedeutung dem simpeln Ursinn jener Dichtung nahen zu wollen, und die Göttersprüche derselben im Gesichtskreis der ältesten Zeit zu hören«.[14] Herders Symboldeutungen setzen die Einheit aller Überlieferungen als selbstverständlich voraus. Eigentlich unverständliche, fremde Symbole sind unter dieser Voraussetzung nicht denkbar. Wenn ein Symbol geheimnisvoll anmutet, so nur deshalb, weil sein Sinn von der Konvention entstellt ist. Der einfache Sinn der Symbole aller Überlieferungen ist mit dem der allegorischen Rede der Natur identisch, wer diese aus unmittelbarer Anschauung versteht, dem enthüllt sich das Geheimnis der fernsten Traditionen: Diese wiederholen nur die Offenbarung der Natur.

Dem Bild der Offenbarung entspricht es, wenn Herder zum Beispiel bei der Deutung dessen, was er für die indische Form des Symbols vom Land der Toten hält, die symbolische Darstellung als Maskierung begreift. Er geht dabei von einem indischen Bild aus, das einen Elephanten zeigt, der aus anderen Tieren zusammengesetzt ist. Diese Tiere sollen die Eigenschaften jeweils des Körperteils symbolisieren, den sie darstellen. Bezeichnenderweise begnügt Herder sich damit nicht: Er unterstellt dem Künstler eine Imagination, in der jedes Tier sich leicht in ein anderes verwandelt. Die Lebensseele, die sich nach einer beständigen Analogie in Tiergestalten und im Menschen wechselnd organisiert, aber immer in sich zurückkehrt, spielt in jeder Gestalt nur eine »Rolle«. Ihr »unzerstörbarer Charakter« verkörpert sich in der Gestalt – die dann »bedeutet, was sie ist« – nur für die Dauer eines Spiels. Weil die Rollen wechseln, ist unsere Welt »*Maja,* eine Welt der Täuschung«. Deshalb unterscheidet Herder, seiner Terminologie treu, die »symbolische

Gestalt«, die einer »immerwährend fortgespielten Fabel« gleicht, von ihrem »allegorischen Sinn«, den sie für die Anschauung hat und der das Bild des vernünftigen Menschen ist: »der Gränzkreis aller Wandlungen, aller Gestalten«.[15] Die symbolische Gestalt ist eine Täuschung, eine Rolle, die etwas spielt, das sich immer neu verkleidet und nicht anders enthüllt wird als im ganzen Kreis seiner Masken.

Herders Begriff der Allegorie läßt sich schließlich nur verstehen, wenn man sich neben seiner theologischen Begründung aus der *analogia entis* auch die Erfahrung vergegenwärtigt, an die er gebunden ist. Obwohl heute wohl kaum jemand dem Unterschied zwischen dem Sehen, Hören und Fühlen so universale Bedeutungen zuschreiben wird, wie Herder und seine Zeitgenossen es versuchten, darf man diese Unterscheidungen doch als Schlüssel zu Konzepten verstehen, die als ausschließlich rationale Begriffe mit einem unbegreiflichen Pathos besetzt wären. Besonders aufschlußreich ist deshalb, daß in Herders Vorstellung die Allegorien eigentlich nur fühlbar, unsichtbar sind. Bild und Begriff sind identisch, weil der Ursprung und Mittelpunkt der Begriffe selbst in der sinnlichen Wahrnehmung des Begreifens liegt.[16] So nimmt Herder das platonische Gleichnis von der Höhle, in der Körper nur als Erscheinungen auf einer Fläche sichtbar werden, beim Wort: Nur »der Ophthalmit mit tausend Augen, ohne Gefühl, ohne tastende Hand, bliebe zeitlebens in Platons Höhle, und hätte von keiner einzigen Körpereigenschaft, als solcher, eigentlich *Begriff*«. Der Begriff einer Sache bildet sich ursprünglich durch die Vernunft und die »umfassende, tastende Hand«.[17] Davon ausgehend läßt sich der Begriff von Sachen, die sich nicht erfassen lassen, nur aus Analogien erschließen. So bilden sich die ersten Begriffe des Kindes durch das Abtasten der Gegenstände und des eigenen Körpers.[18] Durch die Kommunikation der Sinne wird in der Seele des Kindes das Gefühlte mit dem Gesehenen verbunden, bis schließlich das Gesicht die Form der Gegenstände so schnell erfaßt, als hätte es sie ertastet. Das Gesicht scheint dann das Gefühl zu ersetzen: »Wir sehen endlich so viel und so schnell, daß wir nichts mehr fühlen und fühlen können.« Das Gesicht ist zu einer »verkürzten Formel des Gefühls geworden«.[19] Da aber Gefühl und Gesicht verschieden sind, indem das eine nur Formen, das andere nur Flächen wahrnimmt, muß die Ästhetik von drei autonomen Sinnen, Gefühl, Gesicht und Gehör, ausgehen. Die Plastik wird zwar gesehen, aber nur »gleichsam«: Das Auge erfaßt sie so, als hätte die Hand sie ertastet. Auch der Künstler hat die Gestalt der Plastik, die er schafft, nicht vor Augen, sondern »in Brust, in Hüften, in Armen, im ganzen Körper gefühlt«.[20]

Die Plastik allegorisiert beständig, durch alle Glieder des Körpers.[21] Die Bedeutung dieser »blinden« Kunst erschließt sich aber nicht in einem Augenblick, sondern nur durch ein langsames Tasten; sie ist in der endlichen Form unendlich, weil die Hand nicht, wie »das Auge *schnell*, wie der Blitz, auf einmal und nach täglicher Weise siehet«, sondern langsam, und »am meisten im Gefühl eines menschlichen Körpers (...) nie ganz, nie zu Ende, gewissermaßen immer *unendlich* tastet«.[22] Herder nennt das Gefühl den »dunkelsten, langsamsten, trägsten Sinn«, der aber, »die Ideen vergessend«, um so tiefer fühlt.[23]
Die Plastik kann für Herder nur deshalb Allegorie sein, weil er den menschlichen Körper als Mikrokosmos versteht. Körper und Gesicht sind siebenfach gegliedert: Sie sind das »Denkbild« der Welt.[24] Da die Gestalt ein vollkommener Ausdruck ihres »Inneren« ist, erfaßt das Gefühl in ihr den gesamten Sinn der Gattung und des Individuums. Alle Glieder sind einzeln und in bezug auf das Ganze bedeutend, nach Maßgabe von Alter, Geschlecht und Gesundheit, in denen die Analogien zur Natur begründet sind. Weil die menschliche Gestalt überall wesentlich gleich ist, ist sie »eine laute Natursprache, allen Völkern, ja selbst Blinden und Tauben hörbar«.[25] Das Gefühl ist deshalb der einzige unveränderliche Sinn, er liegt gleichsam unterhalb der Geschichte: »Die Formen der Skulptur sind so einförmig und ewig, als die einfache reine Menschennatur«, sie sind nicht »den Modebegriffen verschiedener Zeiten und Völker unterworfen und mit ihnen wandelnd.«[26] Dies ist vielleicht die deutlichste Formulierung des im genauen Sinn anthropologischen Arguments. Bei Herder finden sich zwar klassizistische Momente, wenn er in den *Ideen* die verschiedenen Rassen der Menschheit darstellt und beurteilt, entscheidend ist aber immer die wesentliche Gleichförmigkeit des Körpers, welche die Gleichförmigkeit aller allegorischen Bedeutungen und damit auch die grundsätzliche Verständlichkeit aller Überlieferungen begründet.
Plastisches Gefühl und Humanität waren für Herder kein sicherer Besitz; sein Argument ist kritisch gegen die Gegenwart gerichtet, von der er sagt, daß »wir so viel sehen, daß wir gar nichts sehen und so viel wissen, daß gar nichts mehr *unser*, d.i. etwas ist, was wir nicht gelernt haben *konnten*«. »Die Natur ist von uns gegangen, und hat sich verborgen.«[27] Das im Grunde problematische Verhältnis zur Allegorie zeigt sich auch daran, daß Herder sie schließlich doch nicht als Erfahrung lebendiger Menschen, sondern als Belebung von Statuen, als Erfahrung des Museums beschreibt: »Bei allen Wilden oder Halbwilden sind (...) die Statuen *belebt, dämonisch,* voll Gottheit und Geistes (...).

Noch jetzt wandelt uns ein Gefühl der Art an in jedem stillen Museum oder Coliseum voll Götter und Helden: unvermerkt, wenn man unter ihnen allein ist und wie voll Andacht an sie gehet, beleben sie sich, und man ist auf ihrem Grunde in die Zeiten entrückt, da sie noch lebten und das Alles Wahrheit war, was jetzt als Mythologie und Statue dasteht.« [28]

Creuzer – Sehnsucht und mythische Ferne

Creuzers Begriffe von Symbol und Mythos sind Umbildungen der Begriffe der Allegorie und des Symbols, wie sie die Ästhetik des 18. Jahrhunderts formuliert hatte. Creuzer selbst weist in seiner Autobiographic auf die Bedeutung hin, die Herder für seine Abkehr von der Aufklärung und für seinen Weg zur Symbolik hatte: »Mir eröffnete das Studium der Bibel und des Herodot über die Seichtigkeit der Menschheitsgeschichte Meiners' die Augen, und Herders Geist der ebräischen Poesie, den ich Jahre lang in Gedanken mit mir herumtrug, leitete mich auf andere Wege.« [29]

Das, was Herder »vernünftigen Wahnsinn« nannte, wird für Creuzer zu einer Denkform *sui generis*, der symbolischen. Diese ist nicht mehr als allen Menschen gemeinsam gedacht, sondern als die spezifische Denkform bestimmter Völker, Zeiten und Kasten, besonders des Orients, und sie soll nicht mehr eine Steigerung des nüchternen Denkens, sondern sein Gegensatz sein. Die Diskussion der Symbole und Allegorien hört damit auf, ästhetisch zu sein, sie wird zu einer ethnographischen oder historischen Untersuchung des Denkens anderer Völker. Creuzer entwickelt dementsprechend den Begriff des Symbols nicht aus einer allgemeinen Theorie der Sinne, sondern aus einem historischen Spezifikum: der antiken Behandlung des Zufalls. [30] Das Symbol, d.h. die Zusammensetzung des Getrennten, entsteht bei den Griechen aus der Interpretation des Zufalls. Das, was weder von Menschen verursacht ist, noch mit der Vorhersehbarkeit natürlicher Prozesse abläuft, der Vogelflug, der Blitz oder eine zufällige Begegnung, wird in »verhängnisvollen Augenblicken« als Vorzeichen gedeutet und zur Orientierung einer Entscheidung benutzt. Dadurch erhalten zufällige Ereignisse und Dinge den Charakter von Zeichen. [31] Sie ordnen sich nicht zu einem Diskurs: ohne Ausdehnung in der Zeit erscheinen sie in einem Augenblick, in dem die Totalität ihrer Bedeutung sichtbar wird. Die Möglichkeit der Bedeutung von etwas, das nicht ein vereinbartes Zeichen ist, erklärt Creuzer wiederum aus der Wahrnehmung der

Analogien: Die symbolische Denkform zwingt den Menschen, »sich als Mittelpunkt der Welt zu setzen, und in allen Reichen der Natur sich immer nur selbst zu bespiegeln«. In der Natur erscheinen deshalb Bilder, die sich auf die menschliche Situation beziehen lassen: das Geschlechtsverhältnis und »alle Aeußerungen, die daran hängen, Liebe und Haß, Verbindung und Trennung, wovon jene Zeugung und Gebären, diese Tod und Untergang als unmittelbare Folge setzt«. Creuzer sucht die symbolische Denkform in den Religionen und Dichtungen der Völker; denn das symbolische Denken erscheint ihm als das natürliche und als im Gegensatz zum abstrakten Denken des Diskurses stehend. Und die natürliche Denkform ist für ihn selbstverständlich die Denkform der alten Völker: »Was sich so allgemein ankündigt, und zumal in einem Zeitalter, dessen Vorstellungen nicht durch Verbildung von dem Wege der Natur abgelenkt sind, müßte schon deswegen als Naturtrieb und Stimme der Natur selbst gelten«.[32]
Neben der Theorie der symbolischen Denkform steht eine idealistische Konzeption des Symbols, die man als Ausarbeitung des Symbolbegriffs der *Kritik der Urteilskraft* betrachten kann. Sie ist weniger dem Symbol- als dem Allegoriebegriff Herders verwandt, von dem sie sich aber dadurch unterscheidet, daß sie von einer grundsätzlichen Nichtidentität von Bild und Begriff ausgeht: Die Idee ist unendlich und kann nur durch reines Denken erkannt werden, das Bild ist endlich, und folglich kann das symbolische Denken die Idee nicht fassen. Es überrascht, daß Creuzer an dieser Stelle einen Affekt einführt, den der Sehnsucht. Im Zustand der Sehnsucht findet der Mensch das Symbol, und im Symbol ist die Idee in der gleichen Weise vorhanden wie der Gegenstand der Sehnsucht: »Es ist im Symbol ein allgemeiner Begriff aufgestiegen, der da kommt und flieht und, indem wir ihn erfassen wollen, sich unserem Blicke entzieht« (§ 30). Das intuitive Verstehen des Symbols ist demnach nicht wie für Herder ein Weg, auf dem die Reflexion über den Gegenstand der sinnlichen Anschauung auf den dargestellten Begriff übertragen wird; die Intuition ist in den flüchtigen Augenblick zusammengezogen, in dem sich die Sehnsucht erfüllt. Der Augenblick, in dem die Idee im Symbol erscheint, wird als Erschütterung erfahren, als plötzliches Erwachen aus der »Gewohnheit des täglichen Lebens«. Diese Erschütterung hinterläßt ein sprachloses Staunen, wenn die Idee »die irdische Form, als ein zu schwaches Gefäß, durch die unendliche Gewalt ihres Wesens« zersprengt.[33] Unverkennbar liegt dieser Konzeption eine mystische Erfahrung zugrunde. Obwohl man folgern könnte, daß das symbolische Denken gegen das reine Denken unvollkommen

ist, läßt Creuzer doch keinen Zweifel daran, daß allein die symbolische Denkform das Privileg der mystischen Intuition besitzt. Diese kann nur in der Dunkelheit der Sehnsucht gelingen, in der die Idee als Blitz aufleuchtet. In Gleichnissen und Metaphern stellt Creuzer die Symbole als handelnde Subjekte dar, den Menschen, der sie deutet, als Opfer dessen, das durch die Symbole mit zwingender Gewalt spricht. Dies Fremde ist jedoch nicht Gegenstand der Furcht, sondern der Sehnsucht; es bleibt fremd, keine Deutung kann es festhalten.

Trotzdem hat Creuzer versucht, dem mystischen Augenblick Dauer zu verleihen. Diese Dauer ist die Zeit der Mythologie. Das Symbol ist der Ursprung des Mythos, seiner Auslegung in fortschreitender Rede. Der Mythos wird als Allegorie bestimmt und die Allegorie als Darstellung eines Begriffs, der in ihr in einer »Reihe von Momenten« erschlossen wird, indem der Betrachter dem Weg nachgeht, »den der im Bild verborgene Gedanke nimmt« (§ 35). Die Allegorie läßt dem Denken Freiheit und Zeit. Aber diese Zeit ist nicht die profane Zeit der »Gewohnheit des alltäglichen Lebens«, sondern die Ausdehung des Augenblicks der Erschütterung, welche die profane Zeit aufsprengt. Hebt die Auslegung der Symbole auf das Bildliche ab und reiht die Bilder zu anschaulicher Handlung, so entsteht das Epos, in dem das Bedeutsame der Symbole verschwindet; hebt die Auslegung auf die Bedeutung der Bilder ab, so entsteht Philosophie. In diesem Zusammenhang wendet sich Creuzer gegen die ästhetische Betrachtung der Mythologie: Die Mythen, die den »bedeutungsvollen Inhalt ihres Ursprungs« bewahren, können nicht zu »schöner Form« gestaltet sein, sie sind »überschwenglich«, »fremdartig« und »seltsam«; das »menschliche« und »gemäßigte« Epos dagegen hat alle Bedeutung zugunsten des »Historischen« verloren (§ 41–43). Die profane Zeit der Geschichte tritt damit in einen Gegensatz zur mythischen Zeit, d.h. zur Zeit der fortschreitenden Deutung der Symbole in der allegorischen Rede.[34] Der Mythos ist die Deutung des Symbols; seine Überlieferung, die Mythologie, bildet einen Bezirk außerhalb der Geschichte. Die Bedeutung der Symbole und Mythen ist damit auf radikale Weise von der historischen Konvention gelöst, zugleich aber auch wieder an die Tradition gebunden[35]: an eine esoterische Überlieferung, die dem historischen Bewußtsein fremd und unzugänglich ist.

Keineswegs hatte Creuzer die Absicht, das Geheimnis der esoterischen Überlieferung aufzudecken. Denn diese ist nicht etwa eine Konvention, die nur wenige kennen, aus deren Kenntnis sich aber der Sinn der Symbole erschlösse. Das Geheimnis ist vielmehr im gleichen Sinn eine

Bedingung der Mythologie, in dem die Sehnsucht Bedingung der Symbolik ist. Das Verständnis der Symbole und Mythen nimmt ihnen nicht ihre geheimnisvolle Fremdheit, es gelingt nicht aus der Klarheit des Denkens oder Wissens, sondern aus dem, was Creuzer in der Sprache des deutschen Idealismus »Genialität« nennt. Man muß zur Mythologie geboren sein: Denn »wie die Mythen von den Menschen der Vorwelt nicht erdacht, nicht ergrübelt worden, sondern von selber in schöne Seelen gekommen; also ist die Mythendeutung nicht jeglichem gegeben, und das, worauf es zuletzt ankommt, läßt sich auch nicht lehren«.[36] Creuzer vergleicht deshalb die Mythologie der »Dichtungskraft« und glaubt, man sehe es einer genialen Mythendeutung sogleich an, »daß sie das Ziel getroffen«.[37] Die historische Kritik dagegen ist auf dem Gebiet der Mythologie verfehlt und hilflos: Sie kann allenfalls unter den Varianten eines Mythos die älteste ermitteln; der »geborene Mythologe« aber, der »die Ganzheit der ursprünglichen Idee« mit Sicherheit auffaßt, erkennt die »*wahre*« Fassung. Diese ergibt sich nicht aus ihrem Alter, sondern aus ihrer Nähe zu dem, was Creuzer den »Orient« nennt.[38] Dieser Orient ist die geheimnisvolle Fremde, das Land, aus dem die Symbole und Mythen heraufziehen.

Allerdings nennt Creuzer neben der genialen Intuition noch einen anderen Zugang zur Mythologie, in dem Herders Vorstellung von der natürlichen Verständlichkeit der Allegorie nachklingt. Die mythologische Deutung soll sich an der Anschauung der Natur bilden: »Denn es giebt ein *Erfahren* der Mythen, und ein *solcher* erfährt die Mythen alle Tage, wenn er sich umsieht in der lebendigen Haushaltung der Natur, und das Volk in seinem Thun und Leben beobachtet«.[39] Indes wird an Creuzers Formulierungen deutlich, daß sein Interesse eigentlich nicht der Enträtselung der Mythen durch die Anschauung der Natur gilt, sondern der Anschauung der Natur durch die Mythologie. So schreibt er den »pelasgischen« Mythen einen »Charakter von Unmittelbarkeit« zu, der sie gleichsam als Werke von Elementargeistern erscheinen lasse, »begabt mit einem wunderbaren Einblick in die Naturen der Dinge«.[40] Es führt nur scheinbar in die Welt der Alchemisten und Astrologen, wenn Creuzer hofft, durch das Studium der Überlieferung zu erfahren, »was die grosse Vorwelt von ihr (der Natur) gewußt und in Sinnbildern dargestellt und was den unwürdigen Enkeln der Nachwelt verborgen ist«.[41] Wissenschaftliche und allegorische Anschauung der Natur sind hier in einen Gegensatz getreten. Dabei ist das Programm der romantischen Mythologie defensiv: Es richtet sich gegen den Siegeszug der modernen Naturwissenschaft. Das mythische Wissen von der

»lebendigen« Natur wird ausgespielt gegen die »herrschend gewordene Mechanik und Atomistik«, die »in dem Weltgebäude ein todtes Uhrwerk« erblickt und in den Sternen »nach dem Gesetz des Anziehens oder Abstoßens rollende Lichtmassen oder dunkele Körper«.[42]

Nicht aus der wirklichen Entdeckung fremder Völker ist der Fremdheitsbegriff der romantischen Mythologie entstanden. Im Gegenteil: Creuzer ist sich zwar bewußt, daß das neue Interesse an der Mythologie, die Hinwendung zum fremdartigen Orient in eine Zeit fällt, in der das aus der Antike bekannte Indien erneut in den Gesichtskreis des zeitgenössischen Europa tritt; er mißt dem sogar die größte Bedeutung bei[43]; aber tatsächlich hat er von den dadurch erschlossenen Möglichkeiten keinen Gebrauch gemacht. Seine Mythologie setzt die neuplatonische Tradition, wenn auch verändert, fort, und sein Orientbild ist durch die spätantiken Quellen vermittelt. Aber Creuzer hat einen Mythosbegriff und einen Mythos des Orients geschaffen – oder mitgeschaffen –, in dem das romantische Pathos der Fremde eine mindestens nominell ethnographische Gestalt annahm – jenes Fernweh, für das Eichendorff in dem Gedicht »Schöne Fremde« den Vers gefunden hat: »es redet trunken die Ferne/wie von künftigem großen Glück«. Das chiliastische Moment dieses Verses mag Creuzer fremd sein, aber der Orient seiner Mythologie ist die »schöne Fremde«, der die romantische Sehnsucht gilt. Das Ziel dieser Sehnsucht ist wesentlich unbestimmt, und ihr Ursprung kann gerade nicht in einer wirklichen Bekanntschaft mit dem Orient liegen. Eine spezifische Verbindung von Träumerei und philologischer Forschung erlaubt dem Mythologen, sich in eine geheimnisvolle Welt zu versenken, die zwar im Detail aus den Quellen rekonstruiert ist, im Ganzen aber einen imaginären Grundton bewahrt: So entsteht imaginäre Ethnographie.

Man könnte sagen, daß das romantische Interesse am Fremden aus einer inneren Umkehrung der Anthropologie der Aufklärung resultiert. Diese war emphatisch an der Einheit des Menschengeschlechts interessiert, die sich durch die verschiedenen Rassen und Kulturen immer nur bestätigen sollte. So kehrt Herder die Gleichförmigkeit der menschlichen Gestalt hervor und leitet daraus die Gleichförmigkeit und universale Verständlichkeit der Allegorie ab; selbst die geheimnisvollen, unnatürlichen Symbole aller Völker und Zeiten sind nur Variationen allgemein verständlicher Grundformen; der »vernünftige Wahnsinn« ist allen Menschen gemeinsam und selbstverständlich; für das Pathos der Humanität ist allein die Konvention fremdartig. Bei Creuzer findet man vielleicht noch das gleiche Pathos, aber es gilt nicht mehr der

Humanität, sondern dem Orient. Und die Symbole des Orients sind fremd, Gegenstand der Sehnsucht, wie die Mythologie nur als Geheimnis offenbart wird. Ebenso ist der »vernünftige Wahnsinn« als die »symbolische Denkform« des Orients fremd geworden. Darin liegt die Bedeutung dieser in der Geschichte der Ethnologie scheinbar bedeutungslosen ersten Hälfte des 19. Jahrhunderts: Wenn die akademische Ethnologie beginnt, so ist es eine nicht mehr diskutierte Voraussetzung, daß die Sitten und Bräuche der »Naturvölker« seltsam und fremdartig sind. Die imaginäre Ethnographie sucht die Erklärung dafür in der Andersartigkeit der Anderen: in einer ihnen spezifischen Denkform oder Mentalität oder in einem bloßen Mangel an Vernunft. Gegenüber dieser Gemeinsamkeit ist es nicht wichtig, daß Creuzers positive Wertschätzung des Fremden bei seinen Nachfolgern ins Gegenteil umschlug. – Sein mächtigster Kritiker war Hegel, der aufgrund von Creuzers mythologischen Studien das Problem in die Form brachte, in der es das 19. Jahrhundert beschäftigte: Wie kann die Vernunft die symbolische Denkform verstehen?

Hegel – Erklärung der Symbole

In der Geschichte der deutschen Mythologie von Winckelmann zu Bachofen war die Symboltheorie Hegels von ausschlaggebender Bedeutung, weil sie durch die systematische Bindung der symbolischen Formen an eine in der Geschichte überwundene symbolische oder mythische Denkform über Creuzer hinaus die Ausgrenzung der Mythologie vom Standpunkt der Wissenschaft zum Abschluß brachte. Zugleich war damit der Ethnozentrismus, der die Erkenntnis fremder und vergangener Kulturen bestimmt, als notwendig gerechtfertigt; denn durch die Geschichtsphilosophie konnte das Selbstverständnis der Völker, die nicht »wissenschaftlich«, sondern »mythisch« denken, zu einem Moment seiner wissenschaftlichen Auslegung herabgesetzt werden – und an dieser ethnozentrischen Erkenntnistheorie haben die anthropologischen und historischen Wissenschaften allerdings auch ohne geschichtsphilosophische Begründung festgehalten.
Hegel benutzt den Ausdruck »Symbol« nur in den Vorlesungen, aber die Sache, um die es dabei geht, behandelt er als »natürliche Religion« auch schon in der *Phänomenologie des Geistes.*[44] Interpretiert man diesen Abschnitt mit Hilfe des Symbolbegriffs, so kann man sagen: Das Symbol entspricht dem Verhältnis von Werk und Geist, das entsteht,

wenn die »fetischistischen« afrikanischen Stämme in den auf Agrikultur gegründeten ägyptischen Staat zusammengefaßt werden. Auf dieser Stufe soll der Geist Symbole schaffen, in denen die Stämme, und das heißt hier: er selbst, »ihres Wesens sich bewußt werden«. Diese Symbole sind die Pyramide, die Memnonssäule und der Sphinx. Die geometrische Form der Pyramiden und Obelisken zeigt die abstrakte Form des Verstandes, und dem entspricht, daß nur der »fremde abgeschiedene Geist«, der Tote, in sie einkehrt. Die Form der Pyramide ist also zwar dieser Bedeutung angemessen, nicht aber dem Geist, der in ihr nicht sich selbst, sondern nur sein Werk betrachtet. Die Säule dagegen hat ihre Bedeutung überhaupt nicht in sich selbst, sie empfängt sie von außen, durch das Licht der aufgehenden Sonne, das der Sage nach die Memnonssäule zum Klingen brachte.[45] Dieses Moment könnte man von Creuzers Symbolbegriff her interpretieren: Als »Sonnenphallus« ist die Säule Symbol des Geistes, der nur von außen im irdischen Bild erscheinen kann. Die letzte Form des Symbols, der Sphinx, erscheint, wenn der Geist sich nicht mehr mit den Tiergestalten der afrikanischen Stämme identifiziert, sondern sie in Werken darstellt und damit dem Symbol die Bedeutung des Gedankens gibt. Die Gestalt des Gedankens ist der menschliche Körper, der aus der Tiergestalt herauswächst, wie der Gedanke aus dem Werk. Die Sphinxe sind deshalb zweideutige Wesen, in denen die natürliche und die selbstbewußte, die tierische und die menschliche Gestalt zu einem Rätsel vermischt sind; sie drücken das Bewußte und das Bewußtlose aus, das einfache Innere und das vielgestaltete Äußere, die Dunkelheit des Gedankens und die Klarheit der Äußerung. Wenn Hegel von den Sphinxen sagt: sie »brechen in die Sprache tiefer schwerverständlicher Weisheit aus«, so meint er damit die Sprache der Symbole.[46]
Die Irritation, die von dieser Darstellung ausgeht, entsteht dadurch, daß dem darstellenden Bewußtsein Bedeutungen unterstellt werden, die nur dem beobachtenden bewußt sein können. Pyramide, Säule und Sphinx sind Symbole für uns, nicht aber für die Ägypter, die in ihnen erst Bewußtsein erlangt hätten. Nun weist Hegel ausdrücklich als Schwärmerei zurück, daß man der Natur, der Geschichte oder der Mythologie andere Bedeutungen unterstellt, »als sie in ihrer Erscheinung dem Bewußtsein unmittelbar darbieten, und in Ansehung der Religionen, als das Selbstbewußtsein, dessen Religionen sie waren, darin wußte«.[47] Obwohl sich demnach die Überlieferung ausschließlich in der Perspektive der Gegenwart deuten läßt, weil nur in dieser die unbewußten Bedeutungen des symbolischen Ausdrucks bewußt werden können, darf

dabei nicht von der Form des Selbstbewußtseins der Symbolik abstrahiert werden: Die nachträgliche Deutung muß mit ihrer ursprünglichen Auffassung vermittelt werden, die überlieferten Symbole sind nur aus einem »Geist« zu deuten, der von dem der Gegenwart verschieden ist. Damit ist keineswegs gefordert, daß der Deutende die andere Kultur nach ihrem Selbstverständnis fragen muß, sondern daß er sich eine Stufe des Geistes im ganzen aus der eigenen Erfahrung des Bewußtseins vergegenwärtigen soll. Durch diesen Schritt ist die ethnozentrische Spekulation begründet, mit der das 19. Jahrhundert immer wieder versucht hat, »primitive« Religionen zu erklären. Anstatt die Angehörigen einer anderen Religion zu fragen und zu beobachten, versucht man, sich ihren »Geist« vorzustellen: »Wenn ich ein Ägypter wäre...« – oder wie Evans-Pritchard gesagt hat: »Wenn ich ein Pferd wäre...«[48]

In den *Vorlesungen zur Ästhetik* entwickelt Hegel den Symbolbegriff ausdrücklich im Anschluß an Creuzer, den er gegen die Kritik verteidigt, er habe in die Mythologie Ideen hineingelegt, die in ihr nicht nur nicht enthalten, sondern auch der mythischen Denkweise gar nicht angemessen seien.[49] Vom Standpunkt des beobachtenden Bewußtseins aus, dies ist das Argument, müssen beide Positionen, die symbolische Ausdeutung der Mythen und die Einsicht in die Unangemessenheit von Idee und Mythos, zum Begriff der »unbewußten Symbolik« vermittelt werden. Während aber Creuzer die begriffliche Deutung der Mythen dadurch gerechtfertigt hatte, daß im *Zustand der Sehnsucht* die Idee für einen Augenblick tatsächlich im Symbol erscheint, setzt Hegel die Erfüllung jener Sehnsucht in die *geschichtliche Entwicklung* der Symbole zu Begriffen: Die Mythologie enthält Ideen, aber diese sind dem symbolischen Denken noch nicht bewußt. Da sie inzwischen in der Geschichte bewußt geworden sind, ist es gerecht und notwendig, sie nachträglich in die Mythen hineinzulegen; denn nur so kann die Vernunft in der Mythologie sich selbst erkennen.[50]

Gegen die romantische Mythologie hatte Hegel an der ethnographischen Imagination vor allem das Moment eines unbestimmten Fernwehs zu tilgen. Unter den Voraussetzungen des klassizistischen Denkens ist dafür aufschlußreich, daß Hegel zwar die orientalische Herkunft der griechischen Kultur einräumt, sie aber nicht wie Creuzer als Mischung unversöhnlicher Elemente auffaßt, sondern als geschlossene, nach einem einheitlichen Prinzip gebildete Totalität, in der die orientalischen Symbole geläutert sind. Eine Darstellung dieser Läuterung will Hegel in der griechischen Mythologie selbst sehen, indem er den Sieg der neuen Götter über die alten als Sieg des klassischen Ideals deutet: Prometheus,

Tantalus und Sisyphus bezeichnen »das in sich Maßlose, die schlechte Unendlichkeit, die Sehnsucht des Sollens oder das ungesättigte der subjektiven Naturbegier«. Hier zeigt sich, daß Hegel Creuzers Symbolik nur zum Schein verteidigt und in Wahrheit die Romantisierung oder Orientalisierung des klassischen Ideals »aufheben« will. Das »Hinausgehen ins Weite und Unbestimmte«, die »Naturbegier« der Titanen, stellt Hegel sich nämlich ausdrücklich »nach Art der modernen Sehnsucht« vor, und gegen diese macht er das Ideal der Griechen geltend, von denen er sagt, sie hätten sie »als eine Verdammnis angesehen und in den Tartarus verwiesen«.[51]

III. Ethnozentrismus und verkehrte Welt

»Wenn das Wort ›Geist‹ in den Mund des Papalagi kommt, so werden seine Augen groß, rund und starr; er hebt seine Brust, atmet schwer und reckt sich auf wie ein Krieger, der den Feind geschlagen hat.«

Tuiavii aus Tiavea

Hegel – Ethnozentrismus und Entfremdung

Einem bürgerlichen Publikum, dem das humanistische Studium nicht mehr selbstverständlich war, hat Hegel das Prinzip einer Bildung vorgetragen, die das Fernweh der Jugend pädagogisch einsetzen und in Selbsterkenntnis verwandeln soll. Er entwickelt in den Nürnberger Gymnasialreden eine vermittelte Weise der Selbsterkenntnis, zu der die bürgerliche Gesellschaft seit ihren Anfängen die Antike als Vorbild und Gegensatz eingesetzt hatte. Voraussetzung dieser Selbsterkenntnis ist die Entfernung von den Selbstverständlichkeiten des alltäglichen Lebens. Mit dieser *Entfremdung* meint Hegel nicht die Entfremdung des Gefühls, sondern die »Anstrengung der Vorstellung, sich mit einem Nicht-Unmittelbaren, einem Fremdartigen, mit etwas der Erinnerung, dem Gedächtnisse und dem Denken Angehörigem zu beschäftigen«. Als naturgegebene Grundlage, die nur pädagogisch aufzugreifen ist, denkt er sich nach Art einer »List der Vernunft« das Fernweh der Jugend, das es leicht mache, eine »ferne, fremde Welt in den jungen Geist hineinzustellen«. Hegel denkt hier jedoch nur an die Antike, die zwar die Entfremdung möglich macht, zugleich aber – offensichtlich im Gegensatz zum Orient – »alle Anfangspunkte und Fäden der Rückkehr zu uns selbst« enthält; denn in der Dialektik, deren Wesen die Rückkehr ist, kann die Beschäftigung mit dem Fremden nur ein Moment in der Bewegung sein, die immer zu dem »Mittelpunkt« zurückführt, »in welchen wir uns zuerst versenkt befanden«. – Die Entfernung vom Mittelpunkt, die für Winckelmann bloße Abweichung und für Creuzer das unbestimmte Ziel einer Sehnsucht war, wird damit zu einem Mittel der Selbsterkenntnis.[1]

Hegels Überwindung und Instrumentalisierung des Fernwehs bezieht sich vermutlich auf eben die Lebensform, in der Creuzer den Mythos des

Orients als Versuchung erfahren hatte. Besonders signifikant für den theoretischen Unterschied zwischen den Mythosbegriffen Hegels und Creuzers ist der Begriff der Entwicklung, der für Hegel zentral ist, bei Creuzer aber gänzlich fehlt. Als »Mittelpunkt«, der allein mit sich identisch ist und in den deshalb jede Entfremdung zurückkehren soll, setzt Hegel das reine Denken; denn »im Gedanken ist kein Unterschied mehr von Vorstellungen oder Bildern und von deren Bedeutung«.[2] Unter der theologischen Annahme, daß die Geschichte nur die Entfaltung dieses Mittelpunkts ist, der erst an ihrem Ende offenbar wird, glaubt Hegel sich berechtigt, den Werken der vergangenen und fremden Völker den Gedanken als eigentlichen Inhalt einzulegen, der in ihnen nur uneigentlich ausgedrückt sei. Das setzt voraus, daß die Geschichte aller Völker ein einziges Kontinuum bildet, in dem jede Veränderung »so beschaffen sein muß, daß das Andere, was herauskommt, doch noch identisch ist mit dem Ersten«.[3] Nur dann kann die Auslegung der Mythologie die Entwicklung ihres Inhalts sein, seine Identifizierung mit dem Denken, das »die Sphäre ist, wo alle Fremdheit verschwunden und so der Geist absolut frei, bei sich selbst ist«.[4] Man kann demnach sagen, daß das Ziel, das Hegel dem Denken setzt, die Beseitigung der Fremdheit ist. Das legt den Verdacht nahe, daß das Motiv die Irritation durch das Fremde ist. Hegel lehnt es als eine »Zuflucht der Ohnmacht« ab, »zu den Wilden der nordamerikanischen Wälder, ihren Sitten und den entsprechenden Vorstellungen zurückzukehren«[5]; aber er führt die Entstehung des reinen Denkens andererseits ausdrücklich auf den Verlust des »konkreten Lebens« der Gesellschaft zurück, auf die Gleichgültigkeit, »gegen die es in die Räume des Gedankens sich flüchten muß«. Die Beseitigung des Fremden ist zugleich dessen Verlust. Hegel spricht von der »*Nacht* und *Einsamkeit des Selbstbewußtseins*«, in die der Geist sich aus seinem *»unmittelbaren Dasein, glücklichen Naturleben«* zurückgezogen habe. In dieser Einsamkeit soll er die »von ihm abgetrennte Wirklichkeit und Anschauung denkend rekonstruieren«.[6] Diese Erfahrung der Abgetrenntheit ist es, die Hegel mit Creuzer verbindet. Für Hegel ist sie zur »Schädelstätte« geworden, zu einem Thron, auf dem der Geist tatsächlich *»das leblos Einsame«* ist.

Hegels Aufhebung des Fremden und Vergangenen durch den Gedanken fügt sich zugleich in eine Philosophie des Imperialismus. Denn die Entfremdung und Rückkehr des Geistes betrifft die Praxis ebenso wie die Theorie. Dies kommt besonders prägnant in der folgenden Beschreibung des »europäischen Geistes« zum Ausdruck: »Der europäische Geist setzt die Welt sich gegenüber, macht sich von ihr frei, hebt aber diesen Gegensatz wieder auf, nimmt sein Anderes, das Mannigfaltige, in sich, in seine Einfachheit, zurück; hier herrscht daher ein unendlicher Wissensdrang, der den anderen Rassen fremd ist. Den Europäer interessiert die Welt; er will sie erkennen, sich das ihm gegenüber stehende Andere aneignen, in den Besonderungen der Welt die Gattung, das Gesetz, das Allgemeine, den Gedanken, die innere Vernünftigkeit sich zur Anschauung bringen. Ebenso wie im Theoretischen strebt der europäische Geist auch im Praktischen nach der zwischen ihm und der Außenwelt hervorzubringenden Einheit; er unterwirft die Außenwelt seinen Zwecken mit einer Energie, welche ihm die Herrschaft der Welt gesichert hat.«[7] – Hegel denkt das Fremde auf doppelte Weise: als das Vergangene, das in der Erinnerung begriffen wird, und als das Vergangene, das außerhalb Europas überdauert hat und in der Gegenwart mit dem vollendeten europäischen Geist konfrontiert wird. Die Völker sind »Stufen« der Weltgeschichte und zugleich »Naturwesen«, über die der Geist hinweggeht. Außerhalb der Geschichte bestehen die Völker »gleichgültig nebeneinander im Raume«.[8] Wenn der Geist sich ihnen von Europa aus erneut nähert, so bieten sie ihm keinen Widerstand, solange ihnen jenes »höhere Selbstgefühl« fehlt, von dem Hegel glaubt, daß nur der Europäer es habe.[9] Der Geist »entwickelt« die Völker, in denen er sich erkennt. Sein wahres Wesen zeigt er aber in Hegels Darstellung erst da, wo er auf den »unmittelbaren« Menschen trifft, in dem er sich nicht wiedererkennt, weil er zu nichts zu gebrauchen ist: »Von Amerika und seiner Kultur«, sagt Hegel, »wie sie namentlich in Mexiko und Peru sich ausgebildet hatte, haben wir zwar Nachrichten, aber bloß die, daß dieselbe eine ganz natürliche war, die untergehen mußte, sowie der Geist sich ihr näherte (...). Denn die Eingeborenen sind, nachdem die Europäer in Amerika landeten, allmählich an dem Hauche der europäischen Tätigkeit untergegangen.«[10]

Gewiß gibt Hegel hier nur eine zu seiner Zeit verbreitete Auffassung von der Lebensunfähigkeit der Amerikaner wieder; empörend ist aber, wie philiströs und anmaßend sie hier formuliert wird. Rechtliche und moralische Bedenken gegen Landnahme und Genozid kommen gar nicht erst auf. Der Imperialismus rechtfertigt sich ausschließlich durch die Gewalt selbst. Der Gifthauch des Geistes und das leblose Einsame, das auf seiner Schädelstätte thront: die Potenzphantasie eines Wahnsinnigen; seinem leblosen Blick stellt sich die Welt so tot dar, wie er sie will.

»Wenn man fürchterliche Erscheinungen in der menschlichen Natur will kennen lernen«, so sagt Hegel, »in Afrika kann man sie finden.«[11]
Das imperialistische Prinzip der Angleichung des Fremden findet seine Umkehrung und Ergänzung in der Verfremdung des Selbsterlebnisses. Erinnern wir uns an Hegels Ausführungen zur Deutung der »natürlichen Religion« in der *Phänomenologie des Geistes:* Die Deutung darf in den vergangenen Religionen nichts anderes sehen, »als das Selbstbewußtsein, dessen Religionen sie waren, darin wußte«. Noch deutlicher drückt Hegel sich aus, wenn er versucht, den »Charakter« der afrikanischen Welt zu begreifen: »Dieser Charakter aber ist schwer zu fassen, weil er so ganz von unserer Bildung abweicht, etwas der Weise unsers Bewußtsein gänzlich Entferntes und Fremdes hat. Alle Kategorien, die für unser geistiges Leben Grundlage sind, und die Subsumtion unter diese Formen müssen wir vergessen; die Schwierigkeit liegt darin, daß doch das, was wir in unsern Vorstellungen haben, immer wieder mit unterläuft.«[12] – Das ist nur scheinbar eine Kritik an ethnozentrischen Vorstellungen über Afrika, d.h. an Vorstellungen, die Afrika nach dem Modell der europäischen Welt entwerfen. Hegel zeichnet eine afrikanische Welt, *in der alles anders sein soll als in der europäischen.* Afrika ist eine *Verkehrung* Europas, und das heißt für Hegel – eine verkehrte Welt.
Das Mythologem von der verkehrten Welt begegnet in seiner einfachsten Form im Schamanismus: Im Land der Toten ist alles umgekehrt; wenn hier Tag ist, ist dort Nacht; was hier links ist, ist dort rechts, usw. In den sozialreligiösen Umsturzbewegungen erhält diese Vorstellung einen revolutionären Sinn: Die bestehende Welt ist die verkehrte, die sich zur wahren verkehren muß. Noch die Theodizee bewahrt einen Zug dieser utopischen Fassung der verkehrten Welt. In Europa begegnet der Topos von der verkehrten Welt vor allem in der Form der Satire, die eine verkehrte Welt zeigt, in der die wahre sich als verkehrt erkennen soll.[13]
Hegel hat die verkehrte Welt ausdrücklich angeführt: In dem Kapitel »Kraft und Verstand« in der *Phänomenologie des Geistes* läßt er die Welt der platonischen Ideen zuerst als die wahre Welt erscheinen, da sie behauptet, allein beständig zu sein. Sie erweist sich schließlich aber als verkehrte Welt, da die wirkliche Welt ihre Beständigkeit in Wahrheit gerade in der beständigen Veränderung hat.[14] Hätte Hegel in seinem eigenen Bild der afrikanischen Welt die Verkehrtheit in diesem Sinne erkannt, hätte er erkannt, daß Afrika eine lebendige Wirklichkeit ist,

nicht ein totes System absoluter Willkür, wie er es haben wollte, so hätte er die entscheidende Kritik an der ethnozentrischen Spekulation vorgebracht, die bis heute gültig wäre. Denn auch die strukturalistische Ethnographie konstruiert noch Strukturen, von denen wie von den platonischen Ideen behauptet wird, sie seien die wahre Welt.

Der unmittelbare Mensch Afrikas lebt in Hegels Vorstellung im »Stand der Unschuld«, d.h. ohne Bewußtsein einer absoluten Macht. Daraus folgt Zauberei, Fetischismus und Menschenverachtung. Der Zauberer maßt sich selbst die Macht über die Natur an, die Hegel, von Reiseberichten angeregt, folgendermaßen ausmalt: »Durch Singen, heftiges Tanzen, durch berauschende Wurzeln oder Getränke versetzen sie (die Zauberer) sich in die höchste Betäubung (...). Oft bringt der Priester mehrere Tage in diesem Zustand zu, wütet, schlachtet Menschen, trinkt ihr Blut und gibt es den Umstehenden zu trinken. So haben also faktisch nur einzelne die Gewalt über die Natur, und selbst diese nur, wenn sie sich über sich selbst erheben in scheußlicher Begeisterung.«[15] Der Fetischismus folgt aus dem gleichen Prinzip, da ohne Bewußtsein des Absoluten jedes beliebige Ding als Macht verehrt werden kann; und da der Mensch für Hegel nur als Träger des Absoluten Wert hat, so läßt sich daraus, daß die Afrikaner keine Macht über den Menschen anerkennen, auch deduzieren, daß sie den Menschen verachten. Diese Menschenverachtung äußert sich in Kannibalismus, Polygamie, Sklaverei, Fanatismus und Despotie. Der unmittelbare Mensch erkennt im Anderen nicht etwas Geistiges, sondern nur Sinnliches. Der verachtete Mensch ist ein bloßes Ding, eine Ware, die als Muskelkraft verkauft wird. Die Liebe hat nur den Zweck, viele Kinder zu erzeugen, um sie verkaufen zu können. So erklärt sich Kannibalismus, Sklaverei und Polygamie.[16] Im Fanatismus endlich bringen die Menschen sich selbst um, oder lassen sich zu Tausenden niederschießen: »Diese Völker sind lange Zeit ruhig, aber plötzlich gären sie auf, und dann sind sie ganz außer sich gesetzt. (...) So sehen wir häufig Völker in besonderer Wut (...) alles umbringen, aus keinem anderen Grunde als aus Wut und Tollheit.«[17]

So scheint Hegel undurchschaut die Marxsche Analyse der Verdinglichung des Menschen in einem wesentlichen Zug vorwegzunehmen. Seine »afrikanische« Welt hat mit Afrika so wenig gemein wie das Land Lilliput, in das Gulliver verschlagen wird. Die Menschenverachtung, die hier gezeichnet wird, ist eine unfreiwillige Satire auf den heraufziehenden Kapitalismus, in dem der Mensch zur Ware erniedrigt, die Ware aber als Fetisch verehrt wird. Nur in der verkehrten, nicht in der wahren

Welt erkennt Hegel die menschenverachtende Tollheit des Völkermords, der doch zu dem Prinzip des Imperialismus gehört, den seine Philosopie mystifiziert hat.

Bachofen

Die verkehrte Welt, die Hegel nur beiläufig und undurchschaut als Ethnographie beschrieben hat, findet in der Geschichte des 19. Jahrhunderts ihre eindrucksvolle Vollendung in Bachofens *Mutterrecht.* Wie Darwin die *analogia entis* der Theologie zur biologischen Evolution der Gattungen umarbeitete, so setzte Bachofen die Symbolik des Mikrokosmos, die Creuzer als den Mythos des Orients beschrieben hatte,in ein allgemeines Schema der sozialen und kulturellen Entwicklung um, indem er die romantische Mythologie in die spekulative Dialektik Hegels verflüssigte.

Wie die Evolutionisten der zweiten Hälfte des 19. Jahrhunderts im allgemeinen versuchte auch Bachofen, die widersprüchliche Fülle des Materials, das in dieser Zeit für die Ethnologie auf unvorhersehbare Weise anwuchs, in einer zeitlichen Klassifikation zu homogenen Stufen zu ordnen. Er rechnete dabei mit Totalitäten, in denen das zufällige Einzelne verschwinden und die dialektisch auseinander folgen sollten. So wurde es zugleich möglich, das Fremde und das Vergangene auf die bürgerliche Gesellschaft zu beziehen. Während die Aufklärung unter dem Pathos einer allgemeinen Menschennatur die außereuropäischen Gesellschaften der Vorstellungsweise unterzogen hatte, nach der sie sich auch selbst interpretierte, folgte Bachofen dem Prinzip der ethnozentrischen Spekulation, das man an Hegel beobachten kann: Die Evolution vom Fremden zum Vertrauten hat den Sinn einer Vermittlung vorgängiger Gegensätze, die sich wie Verkehrungen gegeneinander verhalten. Dabei soll die Verkehrung des Mutterrechts zum Vaterrecht ihrerseits einen noch größeren, endgültigen Gegensatz vermitteln, den Gegensatz von Promiskuität und Monogamie.

Mehr als Görres mußte Bachofen seinen religiösen Enthusiasmus in Gelehrsamkeit verbergen, weil der Positivismus seine Herrschaft angetreten hatte. Ebenso wie Creuzer bediente er sich dabei der Philologie; seine Verbindung von Symbolismus, Philologie und geschichtsphilosophischer Spekulation war zu umfassend, um Schule zu machen, aber sie hatte eine widersprüchliche Wirkung, bei der die verschiedenen Momente seines Werkes jeweils in den Vordergrund traten: Man konnte ihn als Entdecker des Mutterrechts feiern, als Kritiker des Patriarchats oder als Priester des Mutterdunkels. Wenn man sich aber von dem Sog seiner Imagination freimacht, so zeigt sich, daß Bachofens Intention in der Nachfolge Winckelmanns stand, daß er ähnlich wie Burckhardt oder Nietzsche einen Versuch zur Rettung des klassischen Ideals der bürgerlichen Gesellschaft unternehmen wollte, zugleich aber zur Anschauung brachte, was die Gesellschaft sich verschwieg.

In der Einleitung zum *Mutterrecht* wiederholt Bachofen auffallend häufig den beschwörenden Hinweis, die anderen Lebensformen seien *fremdartig* und *seltsam.* Er will damit dem Leser, der unter die »Trümmer des Altertums« geführt werden soll, vor Augen führen, daß diese Welt nicht nur abstrakt anders, sondern auch subjektiv befremdend sei: »Eine unbekannte Welt«, verspricht Bachofen, »eröffnet sich vor unsern Blicken. Je tiefer wir in sie eindringen, um so eigentümlicher gestaltet sich alles um uns her«.[18] Diese Seltsamkeit ist nicht die der vereinzelten Kuriosität, sondern die des Systems; denn das zufällige Kuriosum, das Verblüffende, soll ja gerade durch Bachofens Verfahren gelöscht werden. Indem z. B. die Kuriosa, von denen Herodot berichtet, der Totalität des Mutterrechts integriert werden, geben sie ihre singuläre Fremdartigkeit an ein fremdartiges System ab, aus dem heraus sie zugleich verständlich werden. Das System selbst findet Bachofen jedoch nirgends vollständig: Er setzt es aus vereinzelten Nachrichten über die Bräuche der verschiedenen Völker zusammen.

Bachofen nahm die antihistorische Symbolik Creuzers in den Dienst der Geschichte. Die Imagination des Mutterrechts verdankt sich nicht allein einer soziologischen Vertauschung der relativen Dominanzpositionen von Mann und Frau in der bürgerlichen Kernfamilie, sondern vor allem einer Entfaltung der Assoziationsreihen oder Symbolkomplexe des Geschlechtsdualismus zu sozialen Totalitäten. Die symbolischen Wirkungen von Nacht, Erde, Weib, dunkel und links begründen das Bild des Mutterrechts, die von Tag, Sonne und rechts das des Patriarchats. In der Logik dieser Assoziationen liegt das Moment, das Bachofens geschichtsphilosophische Spekulation bewegt und das er selbst naiv als zwingend beschrieben hat: »Es ist die eigentümliche Kraft jeder tiefer begründeten Wahrnehmung, daß sie schnell alles Verwandte in ihren Kreis zieht und von dem offener Darliegenden auch zu dem Verborgenen den Weg zu finden weiß.«[19]

Daß dies Zwingende der Assoziation subjektiv ist, zeigt sich besonders deutlich an der Imagination des »Hetärismus«, die Bachofen nicht ohne moralische Bedenken vortragen will: Er möchte sich gern »die schmerzliche Erinnerung einer so unwürdigen Kindheit« des Menschen ersparen – allein: »Das Zeugnis der Geschichte verbietet, den Einflüsterungen des Stolzes und der Eigenliebe Gehör zu geben und den äußerst langsamen Fortschritt der Menschheit zu ehelicher Gesittung in Zweifel zu ziehen. Mit erdrückendem Gewichte dringt die Phalanx völlig historischer Nachrichten auf uns ein und macht jeden Widerstand, jede Verteidigung unmöglich.«[20] Diese Formulierung verrät die Wahrheit in verkehrter Form: denn es sind keineswegs die Nachrichten, die Bachofens Moral bedrängen. Um ein ethnographisches Beispiel anzuführen: Die australischen Sektionssysteme, die für Bachofen das »Elend« der Gruppenehe in der Urzeit beweisen, sind, wie schon damals aus dem Material zu ersehen war, in Wahrheit Präskriptionen für monogame Heiraten.[21] Vielleicht läßt sich nirgends so deutlich wie bei Bachofen erkennen, daß das Fremde in der bürgerlichen Imagination nichts anderes ist als die Verkehrung des Selbstverständlichen. Die kapitalistischen Verhältnisse sind in »Urzeit« und »Mutterrecht« leicht zu entdecken: So dient die ursprüngliche Promiskuität dem Gelderwerb wie die Prostitution der Großstadt; und die Idealisierung der Mutter entspricht dem Protestantismus ebenso wie die Dämonisierung des »Weibes«. Daß Bachofens Bild des Hetärismus die verkehrte Welt des Kapitalismus spiegelt, ließe auch daran sich zeigen, daß fast alle Motive dieses Bildes in der zeitgenössischen Kunst des Symbolismus begegnen.[22] Mit eigentümlich schlafwandlerischer Sicherheit hat Bachofen die Wahrheit erkannt – und gleichförmig verkehrt dargestellt.

Herodot hatte von den Sitten der Ägypter gesagt, daß sie »fast in allen Stücken denen der übrigen Völker entgegengesetzt« seien.[23] Dazu sagt Bachofen ausdrücklich, daß das mutterrechtliche Ägypten gegen das griechische Vaterrecht eine »verkehrte Welt« sei.[24] Man könnte Bachofens Werk als die Satire eines Konservativen lesen. Die wahre Welt der bürgerlichen Gesellschaft müßte sich dann in den verkehrten Welten des Mutterrechts und der Promiskuität als verkehrt selbst erkennen. Die Komik, die Bachofens Schriften durchzieht, kann ja nur der verkennen, der die bürgerliche Verstellung gegenüber den Affekten und der Sexualität mitspielt. Wenn es überhaupt möglich ist, das *Mutterrecht* nicht als Satire zu lesen, dann aber auch deshalb, weil es zugleich Utopie ist. Zwar verwahrt Bachofen sich ausdrücklich gegen Utopien, wenn er sagt: »Das Bedürfnis des zusammenhängenden Wissens hat nicht selten zu dem Versuche geführt, durch Gebilde philosophischer Spekulation der Sehnsucht nach Kenntnis der Ursprün-

ge einige Befriedigung zu gewähren und die großen Lücken, die das System der Zeiten darbietet, mit den Schattengestalten eines abstrakten Verstandesspieles auszufüllen. Sonderbarer Widerspruch, um der Dichtung willen den Mythos verwerfen und zugleich den eigenen Utopien so vertrauensstark sich überlassen!«[25] Aber damit beschreibt Bachofen sein eigenes Verfahren – wiederum als ein fremdes.
Im Zeichen des Dionysos sieht Bachofen »das Gesetz der Demokratie, der ununterschiedenen Masse« heraufziehen.[26] Die dionysische Gynaikokratie ist Wiederkehr der ursprünglichen durch die Aufhebung der Unterschiede, die Enthemmung der Sexualität und durch den Rausch. Wenn Morgan eine Wiederkehr der Urgesellschaft »auf höherer Stufe« erhoffte, so fürchtete Bachofen eine Wiederkehr des Schrecklichen. Daß die Erfahrung der revolutionären Massen den Anstoß zum *Mutterrecht* gegeben hat, geht aus seiner *Lebens-Rückschau* deutlich hervor: Der Bericht über den Einzug Garibaldis in Rom und der über die Bekehrung zur Religion des »Altertums« sind nur durch einen Gedankenstrich getrennt.[27] Wenn Bachofen sich in das Altertum flüchtet, so begegnet ihm dort doch die moderne Versuchung, in der Anonymität der Masse aufzugehen. Um ihr zu widerstehen, hat er an den Idealen Winckelmanns festgehalten. Sein Werk gehört wie das Burckhardts und Nietzsches zu den letzten Bastionen, die das Bürgertum gegen den »fremden Gott« errichtet hat.
Thomas Mann hat den Siegeszug dieses fremden Gottes, der die Trennungen einreißt und schließlich auch den Gelehrten und Künstler zwingt, die Rolle des zwar faszinierten, aber unbeteiligten Beobachters aufzugeben, als Aschenbachs Traum beschrieben und damit auch die Angst ausgesprochen, die von Winckelmann zu Bachofen insgeheim gewachsen war: »Und die Begeisterten heulten den Ruf aus weichen Mitlauten und gezogenem u-Ruf am Ende, süß und wild zugleich wie kein jemals erhörter (...). Lockte er nicht auch ihn, den widerstrebend Erlebenden, schamlos beharrlich zum Fest und Unmaß des äußersten Opfers? Groß war seine Abscheu, groß seine Furcht, redlich sein Wille, bis zuletzt das Seine zu schützen gegen den Fremden, den Feind des gefaßten und würdigen Geistes. Aber der Lärm, das Geheul, vervielfacht von hallender Bergwand, wuchs, nahm überhand, schwoll zu hinreißendem Wahnsinn. (...) Mit den Paukenschlägen dröhnte sein Herz, sein Gehirn kreiste, Wut ergriff ihn, Verblendung, betäubende Wollust, und seine Seele begehrte, sich anzuschließen dem Reigen des Gottes. (...) Schaum vor den Lippen, tobten sie, reizten einander mit geilen Gebärden und buhlenden Händen (...). Aber mit ihnen, in ihnen

war der Träumende nun und dem fremden Gotte gehörig. Ja, sie waren er selbst, als sie reißend und mordend sich auf die Tiere hinwarfen und dampfende Fetzen verschlangen. als auf zerwühltem Moosgrund grenzenlose Vermischung begann, dem Gotte zum Opfer. Und seine Seele kostete Unzucht und Raserei des Untergangs.«[28]

Reisebeschreibungen – Koloniale Distanz und Rollentausch

I. Der Reisende ohne Schatten

Ein Indianer in Washington

In vielen Kulturen wird der Abschied unter die Symbolik des Todes gestellt, die Rückkehr unter die der Geburt. Eine solche Symbolik ist nicht nur an Initiation und Schamanenreise geknüpft, sie ist auch in den Reisebeschreibungen des 19. Jahrhunderts wirksam. Seitdem aber die Europäer die endliche Kugelgestalt der Erde kennen und seitdem die Reisenden ihre Entdeckungen aufeinander beziehen, ist das Unbekannte entzaubert und das außerweltliche Jenseits, das den Mittelpunkt der Reise bildet, ist den subjektiven Welten von Traum und Wahn beigemischt. Die ethnologischen Reisenden des 19. Jahrhunderts haben deshalb die inneren Welten der anderen Kulturen als »Aberglauben« und »abnormes Geistesleben« abgewertet; zugleich aber hatten sie die eigentümliche Vorstellung, daß das Unbekannte im Augenblick seiner Entdeckung stirbt. In einer Welt ohne Wunder war die katastrophale Entdeckung nicht länger bedeutsam.

Man kann die katastrophale Entdeckung, deren Ausbleiben die Reise aus der bürgerlichen Gesellschaft in der Perspektive anderer Gesellschaften charakterisiert, an der Geschichte eines Indianers beobachten, der im 19. Jahrhundert die moderne Zivilisation kennengelernt hat. George Catlin, der amerikanische Indianermaler, hat sie aufgezeichnet und damit wohl zugleich eine ironische Selbstdarstellung geben wollen.[1]

Wi-jun-jon, ein angesehener Assiniboin, reiste auf Einladung eines Regierungsvertreters nach Washington. Auf der Reise den Missouri abwärts registrierte er von der Mündung des Yellowstone an jedes europäische Haus, indem er jedesmal in seinen Pfeifenstiel eine Kerbe schnitt. Als die Pfeife nicht mehr ausreichte, benutzte er den Griff seiner Kriegskeule; schließlich übertrug er die Kerben auf einen langen Stab, auf dem er dann alle folgenden Häuser vermerkte. In wenigen Tagen füllten sich mehrere Stäbe, die er freilich bei der Ankunft in St. Louis nach kurzem Zögern in den Fluß warf. Hier ließ er sich, zwar voller Furcht vor den unbekannten Gefahren, aber mit dem Ausdruck der Verachtung, von Catlin malen. Er verbrachte einen Winter in Washington, war überall der erste, der kam, und der letzte, der ging, ein aufmerksamer, unermüdlicher Beobachter. Als er zu den Assiniboin zurückkehrte, trug er nicht mehr die Tracht, mit der er ausgezogen war,

sondern eine Galauniform mit Schwert und Epauletten, er hatte einen Regenschirm und ein Fäßchen Whisky. Aber Wi-jun-jon schnitt die neue Tracht auf indianisches Maß zusammen, verteilte den Rest an Frau und Freundin und trank den Whisky, während er erzählte, aus. Sein Bericht war nach Catlins Zeugnis äußerst gewissenhaft.
Die erste Interpretation, die seine Zuhörer für seine unerhörten Geschichten fanden, war: Wi-jun-jon ist unter den Weißen gewesen, die große Lügner sind, und er hat gelernt zu lügen. Aber viele hörten nicht auf, den Berichten über Eisenbahn, Ballon und Dampfboot zu lauschen. Man glaubte ihm nicht, aber man bewunderte seine Erfindungen, in denen man nun die Kraft der Vision zu erkennen glaubte. So erlangte Wi-jun-jon das Ansehen eines Medizinmannes. Die Bewunderung, die man ihm entgegenbrachte, ging in Ehrfurcht und am Ende in Schrecken über: Man stahl aus einer Siedlung der Weißen einen eisernen Griff, feilte ihn zu einer Kugel und erschoß Wi-jun-jon, da man sich nicht zutraute, ihn auf gewöhnliche Weise umzubringen.
Was Wi-jun-jon aus der Außenwelt heimbrachte, verteilte er; was er erzählte, trug er zuerst im Rausch vor, obwohl es keine Phantasie, sondern eine Wahrheit war, die für die »Zivilisierten« vielleicht allzu gewöhnlich ist. Die Assiniboin glaubten nicht an das, was für die Wissenschaft wirklich ist, wohl aber an etwas, was diese als»übernatürlich« für Unsinn hält, an die »Medizin«. Indem Wi-jun-jon seine katastrophale Entdeckung in der Sprache der Assiniboin vortrug, mußten sich Bezüge auf die visionäre Welt der Sioux ergeben. Die Assiniboin »rationalisierten«: Wi-jun-jon war gestorben; er war ein Weißer geworden und galt unter den Assiniboin als *Verlorener.* Da er dennoch fortfuhr, Gehör zu finden, mußte seine Medizin mit einer anderen gleichen Ursprungs bekämpft werden.
Die Zeitgenossen Wi-jun-jons waren wie die Marco Polos bereit, an das »Übernatürliche« zu glauben, aber sie waren nicht bereit, Behauptungen über eine andere Wirklichkeit zu tolerieren. Das positivistische 19. Jahrhundert akzeptierte Berichte über andere gesellschaftliche Wirklichkeiten, wenn sie oberflächlich genug waren, um nicht zu provizieren. Die Moral, die Catlin seiner Geschichte aufsetzt, er selbst wolle nicht so rückhaltlos aufrichtig berichten wie Wi-jun-jon, ist wohl scherzhaft gemeint. Catlin war sich wahrscheinlich dessen, was er in seinen Berichten über die Welt der Indianer verschwieg, nicht bewußt. Er konnte mit Lesern rechnen, die sich vollkommen sicher fühlten in dem Bewußtsein, der Welt der Assiniboin über die Möglichkeit des Vergleichs hinaus überlegen zu sein.

Ethnozentrismus, Fernweh, Xenophobie: von diesen drei Einstellungen zum Fremden überwiegt bei den Reisenden des 19. Jahrhunderts vordergründig die ethnozentrische. Vorurteile werden durch die mit der Reise gegebene Bekanntschaft mit ihrem Gegenstand nicht reduziert. Soweit eine romantische Sehnsucht nach der Ferne das Motiv eines Reisenden ist, sind drei Formen ihrer Verarbeitung zu unterscheiden: die Desillusionierung, die Entrückung des unbestimmt Erwarteten in immer weitere Ferne und die Umformung der enttäuschten Erfahrung in ein Bild, das den Symbolen der imaginären Ethnographie entgegenkommt. Das eigentliche Motiv der romantischen Reise ist jedoch nicht die Sehnsucht nach der Kommunikation mit anderen Menschen und nach anderen gesellschaftlichen Verhältnissen, sondern die Sehnsucht nach der »Natur«, in die der Reisende aus den als seelenlos beschriebenen Verhältnissen der bürgerlichen Gesellschaft entkommen will. Bei genauer Betrachtung läßt sich in den meisten Reisebeschreibungen auch ein xenophober Ton vernehmen: Der in den Tropen von seiner Kultur isolierte Europäer fühlt sich bedroht und zugleich versucht. Aus der Angst, seine kulturelle Identität zu verlieren, entwickelt er ein Syndrom – Joseph Conrad hat es als *Almayers Wahn* beschrieben –, das wahrscheinlich zu den Formationsbedingungen des Rassismus im 19. Jahrhundert gehört. An Carl Peters, dem Heros des deutschen Kolonialismus, könnte man den Zusammenhang von Angst und chauvinistischem Draufgängertum aufzeigen. Das autoritäre Moment des europäischen Ethnozentrismus korrespondiert einer irrationalen Angst, im Anderen – der »gelben Gefahr« – unterzugehen.

Der Weltreisende des 19. Jahrhunderts bewegte sich nur noch selten auf unbekannten Wegen. Am Ende des 18. Jahrhunderts war die Gestalt der Kontinente und die Lage der Inseln bekannt, die geographische Erforschung des Inneren der Kontinente konnte sich auf Posten stützen, jeder Reisende folgte den Spuren seiner Vorgänger. Auch die Aufnahme der Fauna und Flora brachte nur mehr Einzelheiten, die ins System einzuordnen waren. Seit der Mitte des Jahrhunderts kann man von Weltverkehr sprechen: Der Reisende war nicht mehr, wie die Entdeckungsreisenden, auf ein eigenes Schiff angewiesen, die Küsten waren durch regelmäßigen Verkehr verbunden, und in den Kolonien begann der Eisenbahnbau. Über den Erdball zog sich ein Netz von europäischen Stationen, auch in den entlegensten Gegenden fand der Reisende die Sicherheit seiner Kultur.

Die Reiseberichte, deren Zahl nun sprunghaft zunahm, konnten Belehrung und Unterhaltung nicht länger verbinden. Auf der einen Seite entstanden anthropologische Lehrbücher und Kompendien, wie die von Waitz, Peschel und Ratzel, auf der anderen abenteuerliche Reisebücher. Daß in den imaginären Reisen eines Karl May und in den romanhaft überformten Reisebeschreibungen eines Melville oder Gerstäcker die Symbolwelten der imaginären Ethnographie wirksam sind, das ist offensichtlich. Aber auch die Ergebnisse der wissenschaftlichen Reisen sind ethnographisch von zweifelhaftem Wert. Es finden sich darin Nachrichten von der Lokation von Stämmen, von der Tracht und der materiellen Kulturausrüstung; Berichte über die Religion sind wertlos, und Beobachtungen über Gesellschaftsformen sehr selten. Oft sind solche Berichte nur dann von Wert, wenn sie aufgrund späterer Ethnographien interpretierbar sind und historische Einsichten begründen. Als Fehlerquellen lassen sich nicht nur die Flüchtigkeit und Oberflächlichkeit der Beobachtung und spezifische interkulturelle Mißverständnisse aufweisen, sondern auch die Unfähigkeit, einen sprachlichen Ausdruck für etwas zu finden, was nur in einer anderen Sprache angemessen zu benennen ist, und die Reihe der interethnischen Stereotype, die sich bis in das vorwissenschaftliche Weltbild zurückverfolgen ließe: die »rote« Rasse gilt immer noch als cholerisch, die »gelbe« als melancholisch, die »schwarze« als phlegmatisch.
Wie die Händler, die Siedler und Beamten in den Kolonien waren die ethnologischen Reisenden des 19. Jahrhunderts eigentlich nicht darauf aus, andere Kulturen kennenzulernen. In Wahrheit haben sie die Kunstwerke aller Völker der Erde zusammengerafft und nach Europa entführt, um sie in den ethnographischen Museen der Metropolen nach ihren eigenen Prinzipien zu ordnen. Der ethnologische Reisende war Sammler, und die Selbsterkenntnis, die er suchte, erwartete er nicht aus der Kommunikation mit den Angehörigen eines anderen Volkes – aus den abgestorbenen Dingen des Museums sollte sie ihm entgegentreten.

Schlemihl und Chamisso

»Ich fiel in stummer Andacht auf meine Knie und vergoß Tränen des Dankes – denn klar stand plötzlich meine Zukunft vor meiner Seele. Durch frühe Schuld von der menschlichen Gesellschaft ausgeschlossen, ward ich zum Ersatz an die Natur, die ich stets geliebt, gewiesen, die Erde mir zu einem reichen Garten gegeben, das Studium zur Richtung und Kraft meines Lebens, zu ihrem Ziel die Wissenschaft. (...) Ich raffte mich auf, um ohne Zögern mit flüchtigem Überblick Besitz von dem Felde zu nehmen, wo ich künftig ernten wollte. – Ich stand auf den Höhen des Tibet, und die Sonne, die mir vor wenigen Stunden aufgegangen war, neigte sich hier schon am Abendhimmel; ich durchwanderte Asien von Osten gegen Westen, sie in ihrem Lauf einholend, und trat in Afrika ein. Ich sah mich neugierig darin um, indem ich es wiederholt in allen Richtungen durchmaß. Wie ich durch Ägypten die alten Pyramiden und Tempel angaffte, erblickte ich in der Wüste, unfern des hunderttorigen Theben, die Höhlen, wo christliche Einsiedler sonst wohnten. Es stand plötzlich fest und klar in mir: hier ist dein Haus. (...) Ich trat bei den Herkules-Säulen nach Europa über, und nachdem ich seine südlichen und nördlichen Provinzen in Augenschein genommen, trat ich von Nordasien über den Polargletscher nach Grönland und Amerika über, durchschweifte die beiden Teile dieses Kontinents, und der Winter, der schon im Süden herrschte, trieb mich schnell vom Kap Horn nordwärts zurück.«[2]

Der Mann mit den Siebenmeilenstiefeln ist Chamissos *Peter Schlemihl,* der einzige Weltreisende der deutschen Literatur. Während die Schamanenreise in der Vorstellung vieler Völker das Ziel hat, einen verschwundenen Schatten in der Außenwelt zu suchen und in die Gemeinschaft der Menschen zurückzuführen, geht Schlemihl, der seinen Schatten dem Teufel vermacht hat, nicht auf die Suche nach seinem Schatten; im Gegenteil: seine Reise soll ihn der Gesellschaft entrücken, in der für einen Mann ohne Schatten kein Platz ist. Schlemihls Reise führt in die Welt der Geographie, ihr Ziel ist der Erdball selbst, seine Erforschung. Schlemihl wäre fast so populär geworden wie Robinson – ein Einsiedler, dessen Insel die Welt ist. Der Mann ohne Schatten dankt seinen Ruhm einer eigentümlichen Zusammensetzung aus Märchenhaftigkeit und Wissenschaft; er ist eine allegorische Gestalt zwischen Romantik und Positivismus. In der Zeit, in der Creuzer sich unter die »Trümmer des Altertums« zurückziehen wollte und sich die Ethnographie eines imaginären Orients erträumte, suchte Schlemihl sein Asyl in der Natur der Pflanzenwelt. In einer ägyptischen Einsiedlerhöhle sammelte er die Flora aller Erdteile, um sie zu ordnen. Seine Sammlung sollte ihm den verlorenen Schatten ersetzen.

Indem Chamisso seinem Weltreisenden den Schatten entzog, hat er ihm nachdrücklich auch einen menschlichen Begleiter versagt. Ein großer Teil der Reisenden der Literatur von Don Quixote bis Arthur Gordon

Pym und Old Shatterhand scheint dagegen ohne Doppelgänger gar nicht lebensfähig. Heine, der das Motiv des Doppelgängers spielerisch verwendet und ihm unausschöpfliche Bedeutungen verliehen hat, sah in der Reisebeschreibung die ursprüngliche Form des Romans, zu der die Autoren vor der Langweiligkeit ihrer Fabeln immer wieder zurückflüchten; und er betrachtete die Doppelgänger des Cervantes, Don Quixote und Sancho Pansa, als besonders sinnreiche und tiefe Gestalt der romanhaften Reisebeschreibung, die sich überall, in der Kunst wie im Leben, wiedererkennen lasse, wenn man nur »das Wesentliche, die geistige Signatur, nicht das Zufällige ihrer äußeren Erscheinung ins Auge fasse«.[3]

So erzählt Heine die Geschichte eines englischen Mechanikers, der einen Menschen fabriziert hatte. Dieser Automat konnte menschlich handeln, reden, fühlen, hatte aber keine Seele. Der Automat quälte nun seinen Schöpfer, ihm eine Seele zu geben, bis dieser die Flucht ergriff, von seinem Geschöpf verfolgt. »Diesen beiden Gestalten«, schließt Heine, »begegnen wir nun in allen Ländern, und nur wer ihr besonderes Verhältnis kennt, begreift ihre sonderbare Hast und ihren ängstlichen Mißmut. Wenn man aber dies besondere Verhältnis kennt, so sieht man darin wieder etwas Allgemeines, man sieht wie ein Teil des englischen Volks seines mechanischen Daseins überdrüssig ist und eine Seele verlangt, der andere Teil aber aus Angst vor solcherlei Begehrnis in die Kreuz und die Quer getrieben wird, beide aber es daheim nicht mehr aushalten können.«[4] Heine sieht den Reisenden gleichsam von seinem abgetrennten Schatten verfolgt: Er faßt Ziellosigkeit und Geschwindigkeit der Reise in das gleiche Bild wie Chamisso – aber mit geschichtsphilosophischer Absicht, denn der Doppelgänger des Reisenden ist die Tat, die den Gedanken verfolgt.

Auch der Wilde, der in der schönen Literatur des 19. Jahrhunderts zu einem treuen Begleiter seines weißen Herrn wird, wird als ein Automat geschildert, der die Gedanken eines Anderen ausführt.[5] Die Einzigartigkeit von Chamissos Reiseallegorie liegt dagegen darin, daß sie sich gegen dies zentrale Mythologem der Reiseliteratur des 19. Jahrhunderts negativ verhält. Chamissos Absicht ist die Desillusionierung.[6]

Zwei Jahre nach der Niederschrift von *Peter Schlemihls wundersamer Geschichte* begibt sich Chamisso selbst auf eine Weltreise. Als Gelehrter, besonders als Botaniker nimmt er an der Expedition Kotzebue 1815–1818 teil und lernt Brasilien, Chile, die Osterinsel, die Aleuten, Kalifornien, Hawaii, die Marschallinseln, Guam und Manila kennen. Seine *Reise um die Welt,* sechzehn Jahre später geschrieben,

dürfte literarisch die schönste Beschreibung einer Weltreise im 19. Jahrhundert sein. Alle Berichte über Weltreisen ähneln sich, wie die Mythologie bilden sie gleichsam eine Partitur, zu der jeder nur eine Stimme liefert, die man nie allein hören kann. Chamissos Reisebericht kann hier umso mehr alle anderen vertreten, als er bewußt im Kontrapunkt gesetzt ist, besonders gegen den heroisierenden Bericht, den Otto von Kotzebue zur Selbstverherrlichung abgefaßt hatte.[7]
Niemand hat das Geheimnis aller Reiseberichte so einfach und klar ausgesprochen wie Chamisso: »Die Berichte älterer Weltumsegler sind in der Regel wahrhaft, aber nur Selbstanschauung kann das Verständnis derselben eröffnen.«[8] Insbesondere gilt dies für die tropische Welt. Man mag sie so genau beschreiben wie nur möglich, der Leser, der sie nicht selbst gesehen hat, wird sich immer ein falsches Bild machen. Deshalb ist auch Chamissos Vorhaben einer Desillusionierung nur begrenzt durchführbar. Die Differenz zwischen der europäischen und der tropischen Welt kann nicht vermittelt werden. Das zeigt sich an dem Ausbleiben einer Transfiguration des Reisenden, der die Grenzen zwischen den beiden Welten überschreitet. Um dies zu verdeutlichen, vergleicht Chamisso den Klimawechsel, den der Reisende erfährt, mit dem Erlebnis des Wechsels der Jahreszeiten, der von einem »märchenhaften Reiz« begleitet sei: »Die Reihe der im Norden empfangenen Eindrücke liegt völlig abgeschlossen hinter uns; eine neue Reihe anderer Eindrükke beginnt, die von jener ganz abgesondert, durch nichts mit ihr in Verbindung gesetzt wird.« Ein anderes Gleichnis soll dieselbe Erfahrung zum Ausdruck bringen: »Wir können auf einem hohen Standpunkt schwindlig werden, wenn unser Blick an der Mauer des Turms oder an Zwischengegenständen in die Tiefe unter uns hinabgleitet; der Luftschiffer aber mag auf die Erde unterwärts blicken, er ist dem Schwindel nicht ausgesetzt.«[9]
Chamissos Desillusionsromantik kann an den folgenden Beispielen aufgezeigt werden: Der Entdeckungsreisende bleibt an das Schiff gebunden, er nimmt das »alte Europa« mit seiner Sprache, seinen Tischsitten und seiner Enge mit.[10] Die Reise hat nicht den Reiz der Gefahr, da das Risiko nicht anschaulich wird.[11] Die Völker Ozeaniens sind keine »Wilden«: in moralischer Hinsicht sind sie eher übergesittet; und die europäischen Erfindungen geben keinen Maßstab ab, da auf den kleinen Inseln kein Bedürfnis danach besteht.[12] Kadu, Chamissos Freund von den Ratakinseln, ist kein »Anthropophage« und hält Reiter nicht für Kentauren.[13] – Maltebrun hatte aus dem Bericht des Malers der Expedition gar entnommen, daß die Bewohner von Yap, »wo nur

Wasser getrunken wird, ganze Nächte dem Trunke widmen«. »Ist einmal«, fügt Chamisso hinzu, »eine recht handgreifliche Abgeschmacktheit zu Papier gebracht, so rollt selbige unablässig von Buch zu Buch, und es ist das erste, wonach die Büchermacher greifen.«[14]
Chamisso macht keinen Hehl aus der Eintönigkeit von Weltreise und ozeanischem Inselleben; die gefahrvollen Abenteuer, von denen Kotzebue erzählt, sind erfunden, und Chamisso hat am Ende in sieben Tagen in London mehr erlebt und gesehen als auf der Reise um die Welt.

Wie Peter Schlemihl war Chamisso Botaniker. Wenn in seinem Reisebericht aber das Glück der Entdeckung zur Sprache kommt, so geht es nicht an unbekannten Pflanzen auf, sondern an den Menschen, welche die Expedition in den Weiten des Pazifik antrifft. So schreibt er bereits über die Landung auf der damals längst bekannten Osterinsel: »Der 28. März 1816 war der Tag der Freude; die erste Bekanntschaft zu stiften mit Menschen dieses reizvollen Stammes und die erste schöne Verheißung der Reise sich erfüllen zu sehen!«[15] Für Hawaii findet er den Ausdruck »Wollust des Daseins«[16], vor der Zerstörung Hawaiis – und vor der Jahrhundertwende.

Chamisso war stolz darauf, die Kultur Hawaiis noch gesehen zu haben, und zu seiner Zeit wohl der einzige, der sich zu ihrer Erforschung ein Jahr Zeit nehmen wollte. Er hat später die erste Grammatik der hawaiischen Sprache verfaßt, in deren Vorrede er schreibt, er habe es als seinen Beruf erkannt, Sprache und Geschichte Polynesiens zu erforschen.[17] Die Reise um die Welt hat den Erfinder des Mannes ohne Schatten zum Interesse für die Menschen bekehrt. Er selbst hat dies seinem Freund Kadu, der ihn mit Sprache und Sitten Mikronesiens vertraut gemacht hat, gedankt.[18]

Während der Botaniker Chamisso sich von der Lebens- und Reiseform Peter Schlemihls zu sozialem Umgang bekehrt hat, sind gerade die ethnologischen Reisenden des 19. Jahrhunderts Reisende ohne Schatten. Besonders deutlich zeigt sich das an dem bedeutendsten von ihnen, an Adolf Bastian.

Bastians Wahn – Weltreise und ethnographisches Museum

Bastian hat auf erstaunliche Weise den ersten Augenblick der eigentlichen Welt-Geschichte wahrgenommen. Fast ein viertel Jahrhundert hat er auf Weltreisen verbracht – in einer Zeit, in der der Kolonialismus die meisten Völker der Erde gerade erst erreichte. Seine erste Reise führte ihn 1850–1858 über Australien in die Südsee, nach Amerika, Indien, Vorderasien, Südafrika und Angola. Da er zuhause feststellte, daß er »den Buddhismus« vergessen hatte, bereiste er 1861–1865 Indochina und Ostasien. Nur auf dieser Reise hielt er sich längere Zeit an einem Ort auf, und zwar nur deshalb, weil man ihn in Mandalay ein halbes Jahr ins Gefängnis sperrte; folglich besaß er über den Buddhismus zeit seines Lebens die genauesten Kenntnisse. 1867 ließ er sich in Berlin nieder, wo er in einer nahezu unmöblierten Sechs-Zimmer-Wohnung allein lebte. 1873 nahm er an der von ihm organisierten deutschen Expedition an die Loango-Küste teil, 1875–1876 bereiste er Amerika, 1878–1880 vor allem Polynesien, 1889–1891 – die transkaspische Bahn war gebaut – Südrußland, anschließend Ägypten, Ostafrika, Indien und die Südsee, 1896–1898 Indonesien, 1903 Indien. Bastian starb 1905, auf seiner neunten Reise, in Trinidad. Zwischen seinen Reisen hat er wahrscheinlich über 100 Bücher, über 500 Aufsätze und Rezensionen geschrieben, mehrere wissenschaftliche Gesellschaften und Zeitschriften sowie eins der größten ethnographischen Museen der Welt gegründet, seine Belesenheit war Gegenstand allgemeiner Bewunderung – ein Mann, der statt zu leben für eine einzige Aufgabe gearbeitet hat. Diese Aufgabe war die Sammlung der Dinge und Gedanken aller Völker der Welt.[19]

Die Entfaltung der historischen Wissenschaften basierte im wesentlichen auf der Interpretation schriftlich überlieferter Texte und führte insofern die Tradition des europäischen Humanismus auf neue Weise und mit neuen Interessen fort. Nach dem Modell der klassischen Philologie wurden die nationalen Literaturwissenschaften und die Orientalistik eingerichtet; die Kulturen aber, die keine Schrift ausgebildet und folglich keine Texte überliefert hatten, waren eigentlich diesem Modell entzogen. Die Europäer hätten die Möglichkeit gehabt, die Kulturen, von denen sie seit dem 16. Jahrhundert Besitz ergriffen, ohne Vermittlung der Philologie kennenzulernen. Daß sie es nicht getan haben, das bedarf einer besonderen Erklärung. Die Reisenden hielten nur das Augenfällige fest – so wie sie es sahen; und Humanisten, als erster Sahagun, ließen Texte in den fremden Sprachen aufschreiben, um sie dann wie lateinische übersetzen und interpretieren zu können. Sie behandelten die fremde Kultur, in der sie lebten, als vergangene; denn anders wären sie gezwungen gewesen, wider das koloniale Herrschaftsverhältnis unter den Unterworfenen Freunde zu suchen. Die Ausdehnung des philologischen Modells auf lebendige, schriftlose Kulturen war ein Mittel, Distanz zu halten. Im 19. Jahrhundert trat ein zweites Moment hinzu: Mit der Entstehung des emphatischen Begriffs der

Geschichte erhielt auch die Vorstellung eines geschichtslosen Naturzustands des Menschen zentrale Bedeutung. Im System der Wissenschaften bildete sich die Ethnologie als Gegensatz zu den Geschichtswissenschaften. Ihr Gegenstand sollten die »geschichtslosen« Völker sein, und damit waren die Völker ohne schriftliche Überlieferung gemeint. Bastians Sammlung, das ethnographische Museum, sollte die Textsammlung des Philologen ersetzen.
Scherzhaft hat Bastian die Wissenschaft der Geschichte einmal als in einem Gebäude thronend vorgestellt, dessen Türhüter pflichtbewußt darauf achten, daß nicht »jeder aus der Wildnis herbeigelaufene Ankömmling sich unter die sorgsam und stattlich geordnete Reihe der Geschichtsvölker zwischen hineindrängen könnte«.[20] Er weist der Ethnologie die »Territorien dieser Ausgewiesenen« an[21] und erklärt an anderer Stelle das Museum ausdrücklich zum Ersatz einer Textsammlung: »Betreffs der Culturvölker gelten in der Philologie diejenigen Gesichtspunkte, wie grammatisch ausverfolgt, zum Einblick in das sprachlich innere Walten, dessen Verkörperungen in der Schrift sich niedergelegt finden. (...) In der Linguistik, bei schriftlosen Wildstämmen, stehen an Stelle der Texte (und Handschriften) die ergologischen Sammlungen, um unter hermeneutischer Entzifferung (symbolisch allegorisierender Zeichen) das Gedankenleben aus dem herauszulesen, woran, als Manifestem, mit der Hand gemacht, dasjenige kleben geblieben ist, was (psychisch) von dem Handwerker (oder Künstler) hineingelegt wurde.«[22] Bastian lehnt die unmittelbare Beobachtung ausdrücklich als individuell ab.[23] Für ihn ist die Sammlung der Dinge, die in der klassischen Archäologie nur eine Hilfswissenschaft ist, in der Ethnologie zentral.[24] Seine Schüler und Nachfolger haben diese Sammlungen fast ausschließlich mit kulturhistorischem Interesse betrachtet: Sie dienten ihnen zum Feststellen von Ähnlichkeiten, aus denen sich Verwandtschaften ablesen ließen, die wiederum in ihrer Gesamtheit gerade die Rekonstruktion der Geschichte zulassen sollten, die doch ohne schriftliche Quellen nicht möglich schien.
»Man spricht vielfach von einem Aussterben der Naturvölker. Nicht das physische Aussterben, soweit es vorkommt, fällt ins Gewicht, weil ohnedem von dem allmächtigen Geschichtsgang abhängig, der weder zu hemmen, noch abzuwenden ist. Aber das psychische Aussterben –, der Verlust der ethnischen Orginalitäten, ehe sie in Literatur und Museen für das Studium gesichert sind –, solcher Verlust bedroht unsere künftigen Induktionsrechnungen mit allerlei Fälschungen, und könnte die Möglichkeit selbst einer Menschenwissenschaft in Frage stellen.«[25] –

Bastian hat sich offensichtlich nicht für die Menschen interessiert, deren Gedanken er sammelte. Er hielt sich an Priester und Häuptlinge, stellte seine Fragen, notierte die Antworten und verschwand wieder. Nirgends hat er menschliche Beziehungen geknüpft, und seine Biographen sind sich darin einig, daß er vollkommen einsam war. Zum überwiegenden Teil sammelte er sein Material überhaupt nicht bei den »Eingeborenen« selbst, sondern bei ansässigen Europäern, die er für seine Aufgabe in großer Zahl gewinnen konnte. Insofern unterschied er sich wenig von Frazer und anderen Schreibtischethnologen seiner Zeit. Da Bastian hauptsächlich »Völkergedanken«, d.h. Weltbilder, sammelte, er selbst aber ein enthusiastischer Positivist war, konnte er über seine Informanten, besonders etwa über buddhistische Priester, kaum ohne abschätzigen Spott schreiben. Er teilte die Vorstellung, das »Aussterben« kolonialisierter Völker, die nicht so arbeitsfähig wie die »Culturvölker« waren, sei selbstverständlich, da er von der Notwendigkeit ökonomischer Effizienz und bedingungsloser Unterwerfung unter die Gesetze der Totalität überzeugt war. Jedermann sollte dem Schritt des Weltgeistes parieren. Ein deutlicher Beleg dafür ist seine Stellung zum Antisemitismus: Bastian hält die Rassenzugehörigkeit angesichts der »den Staatsbürger anfliegenden Pflichten« für irrelevant, ebenso die Religionszugehörigkeit; aber die Juden sollen sich dem Gebrauch des Sonntags fügen, da es unmöglich, ja wahnsinnig sei, sich der Mehrheit zu widersetzen.[26]
Bastian hat seine »Lehre von den geographischen Provinzen« ausdrücklich in den Dienst kolonialer Interessen gestellt. Sie sollte die Gebiete ermitteln, die für eine europäische Besiedlung geeignet waren, die Ressourcen an »eingeborenen« Arbeitskräften feststellen und in anderen Gebieten die Möglichkeiten des Handels erkunden. Die Wissenschaft sollte den deutschen Kolonialenthusiasmus zur Vernunft bringen.[27] Die Ethnologie selbst aber sollte das Wissen bereitstellen, durch das »der in die Fesseln seines eigenen Denkens sklavisch eingeschlagene Wilde leicht am Gängelband geleitet wäre«.[28] Die Frage nach einer Legitimation der Kolonialpolitik hat sich Bastian nicht gestellt; er wollte ihre irrationalen Züge kritisieren, gerade weil er einzig die ökonomische Rationalität durch den Fortschritt der Geschichte legitimiert glaubte. Die Ethnologie steht im Dienst der Menschheitsgeschichte, da sie die »Eingeborenen« mit sanfter Gewalt zur Vernunft und zur Arbeit bringt. Allerdings hat Bastian nirgends gezeigt, wie die Ethnologie dies leisten könnte. Seine Sammlungen waren in keiner Weise geeignet, dem Kolonialismus zu dienen, wohl aber waren sie

selbst ein Teil der kolonialen Ausbeutung: Unter der Vorstellung, die Kulturen der Welt müßten vor der europäischen als der einzig universalen zugrunde gehen, haben die ethnologischen Sammler des 19. Jahrhunderts die Kunsttraditionen der Völker gewaltsam unterbrochen. Die ethnographischen Museen der Metropolen sind das Ergebnis einer gigantischen Plünderungsaktion. Bastian hat mit allen Mitteln einer moralischen Rhetorik dazu aufgerufen. Er hat mit dem Ruhm der Nachwelt gewinkt, aber er hat nicht damit gerechnet, daß die Völker, deren Kunst er retten wollte, selbst darauf Anspruch erheben würden. Als Reisender hat Bastian den Übergang von der Segel- zur Dampfschiffahrt erlebt und darin die Signatur der Zeit gesehen. Auf den Segelschiffen habe der Mensch sich – fast noch wie im Kajak – der Natur anschmiegen und mit ihr kämpfen können. »Wie anders jetzt (...), wo von den Offizieren und Maschinisten an, ein Jeder von dem entmannenden Gefühl bedrückt sein muß, sich auf einem Vulkan zu befinden, der jeden Moment, bei leichtestem Versehen (wenn eine Schraube los oder eine Löthung verkehrt) in schauerlichsten Katastrophen explodieren kann, ohne die Möglichkeit einzugreifen und vorzukehren (...), so daß unter solch steten Bedrohungen nichts übrig bleibt, als willenlose Hingabe (unter der durch den Dienst gebotenen Pflicht)«.[29] Auch die politische Situation beschreibt Bastian immer wieder unter dem Bild einer drohenden Explosion: »Unheimliches Gewölk umlagert den politischen Himmel. Man fürchtet den Funken, der in das Pulverfaß fallend, ihn entflammen müsste, den verheerenden Rassenkrieg.«[30] Eine ähnliche Gefahr sieht er in den Volksmassen Europas, für deren revolutionäre Unruhe er zwei Momente verantwortlich macht: Der Verlust der Religion habe unausweichlich zu »anarchistisch aufgährendem Nihilismus« führen müssen[31], und die Denkweise des Volkes sei ohnehin »socialistisch«.[32] In diesem Kontext definiert Bastian die praktische Aufgabe des ethnographischen Museums. Die Sammlung der Völkergedanken ermöglicht es, die moralischen Gesetze »an den primitiven Organismen der sogenannten Naturvölker« zu studieren, »um für die Complicationen der Cultur einen Leitfaden anzuknüpfen«.[33] Bastian hofft, den Sozialismus der modernen Massen aus dem »ethnisch naturwüchsigen« klären zu können und die Massen »rationell zu lenken und zu leiten«.[34] Damit kehrt Bastian den revolutionären Rückgriff der Populisten auf die kommunale Tradition um. Indem er die modernen Massen mit den kolonialisierten Völkern identifiziert, glaubt er eine neue Weltanschauung wissenschaftlich begründen zu können, um den Massen den verlorenen Glauben zurückzugeben, und stellt zugleich der Ethnologie die Aufgabe, das Wissen zu ihrer Beherrschung bereitzustellen: »Je rapider (...) der culturelle Fortschritt sich beschleunigt, desto breiter gähnt die Kluft, wodurch die Spitzen der Civilisation (...) abgetrennt stehen von den Unterschichtungen, worin es gährt mit agitatorisch aufgeregten Denkwallungen der grossen Masse; desto mehr entschwindet, vor blendend aufhellendem Lichte der Intelligenz, die Möglichkeit deutlichen Einblick's in die Tiefen tief abdunkelnden Untergrundes.«[35] In diesem Gedankengang treten das Bild der Urhorde und das der Masse zu Verkörperungen des psychologischen Archaikums zusammen.

Bei allen subalternen und wissenschaftsgläubigen Absichtserklärungen ist Bastians Werk in Wahrheit keineswegs konformistisch. Nicht zufällig hat Bastian, dem doch die Anpassung an die Gesetze der Totalität eine unbedingte Pflicht war, sich selbst als einen »Supernumerarius« bezeichnet, das heißt wohl als einen Überzähligen. Auf seinen Reisen war er gezwungen, dutzende von Sprachen flüchtig zu lernen. Keine davon hat er beherrscht, und da er oft über längere Zeiträume von seiner Muttersprache keinen Gebrauch machen konnte, ist er auch in dieser zunehmend unsicher geworden. Seine Bücher tragen die Folgen; ihr Satzbau wird durch ein Übermaß von Parenthesen gleichsam gesprengt und aufgelöst. Die komplizierten hypotaktischen Gefüge sind nur selten auf den Sinn der Aussage bezogen, sie sind leere Gehäuse, in denen syntaktisch unverbundene Assoziationen ein gespenstisches Leben führen. Echolalien und leitmotivische Wiederholungen verleihen dem Text einen monotonen Rhythmus. Pennälerhafte Metaphern, häufig aus dem Fäkalbereich, verleihen den unermüdlich eingestreuten Trivialitäten einen bizarren Schmuck. Überall sind Worte und Namen aus europäischen, indischen, polynesischen und amerikanischen Sprachen eingestreut. Bastian hat seine Assoziationen ohne die geringsten Hemmungen zu Papier gebracht, und es bleibt ein Beweis für die Liberalität seiner Zeit, daß man den Druck seiner Bücher toleriert hat. Viele von ihnen haben wahrscheinlich bis heute noch keinen Leser gefunden. Sie sind, von einigen Propagandaschriften abgesehen, auch nicht für die Zeitgenossen geschrieben, »sondern im Gefühl einer Consolidarität der Menschheits-Interessen durch Raum und Zeit«.[36] Bastian glaubte, der Nachwelt die »Völkergedanken« überliefern zu müssen, gewissermaßen *als Stellvertreter* der vielen schriftlosen Völker, die er besucht hatte. Tatsächlich enthalten seine Schriften aber nur wenig, was von ethnographischem Interesse ist, fast alles ist von späteren Autoren ausführlicher und zuverlässiger berichtet worden; und obwohl

Bastian viel für sein Museum gesammelt hat und offenbar die kommerzielle und organisatorische Seite dieses Geschäfts glänzend beherrschte, war er unfähig, seine Sammlung in irgendeiner Weise zu bearbeiten.[37] Bastians Schriften sind aber auf ihre Weise von einzigartigem Wert: Sie sind ohne jede Verstellung der innere Monolog eines Weltreisenden in der zweiten Hälfte des 19. Jahrhunderts, der mehr Kulturen gesehen hat als irgendein anderer Mensch. Bastians Wahn belegt das Scheitern seines Versuchs, durch die Sammlung den Verlust der Gemeinschaft zu ersetzen. Bastian war überzählig, weil er allen Kulturen entfremdet war.

In Bastians Spätschriften steigt das, was er auf seinen Reisen gesehen hatte, wie ein phantastischer Maskenzug verfremdet aus der Erinnerung auf. Er fühlt sich von den »buntscheckigen Maskereien der Völkergedanken« heimgesucht.[38] »Dem ersten Augenschein wirrt es durcheinander in wüstem Graus der Phantastereien, in verzerrten Entstellungen bald, bald in burlesken Fratzen, gigantisch aufgethürmt hier, angrinsend dort mit gespenstischen Larven, fremdartig überall.«[39] Der Weltreisende bewohnt ein imaginäres Museum. Bastian hat sich ausdrücklich gegen den Verdacht verwahrt, er wolle die Symbolik wiederaufleben lassen.[40] Die Art der »Philologie«, die er betreibt, steht aber gerade in der Tradition Creuzers. Er versucht wie dieser, sich der Versuchung fremdartiger Gestalten zu erwehren, indem er sie *demaskiert:* Es »fand sich leicht genug die Maskirung abgezogen, die Auftünchung fortgewaschen, und dann, siehe da! zu Boden unterst lag Er überall offenkundig vor Augen: der ärmlich-arme Elementargedanke nackt und bloss, ein und derselbe allüberall, in allen fünf Continenten derselbe (unter topischen Varianten), – so, wie ihn der Wildstand gedacht, auch unter den cerebralen Kartenhäusern der Civilisation verborgen.«[41] Der Ausdruck »Elementargedanke« stammt wohl aus Schellings *Philosophie der Mythologie,* der Begriff aber von Creuzer, der als »Originalgedanken« die auseinandergefahrenen Elemente der Uroffenbarung bezeichnet hatte, die geheimste, innerste Bedeutung der Symbole. Bastians berühmte »Lehre vom Elementar- und Völkergedanken« ist nichts anderes als die romantische Symbolik Creuzers, positivistisch formuliert. Ihr Pathos mag seinen Ursprung in der Vorstellung haben, Reise und Museum dienten der Versammlung jener romantisch gedachten Elemente einer ursprünglichen Offenbarung; dabei darf aber nicht übersehen werden, daß der Begriff der Elementargedanken für Bastian eine apotropäische Funktion angenommen hat. Deshalb spricht er immer nur verächtlich von den Gegenständen, die er sammelt – »es ist nichts neues unter der Sonne« ist eines seiner Leitmotive –, und weshalb sollte man reisen, nur um überall immer denselben »ärmlich-armen Elementargedanken« aufzusammeln?

Bastians Theorie ist häufig mißverstanden worden, weil man sie auf die Problematik der Evolutionisten und Diffusionisten bezogen hat. Die Elementargedanken wären dann die Kulturelemente, die bei verschiedenen Völkern parallel entstanden, nicht übertragen sind; die Völkergedanken wären die nur einmal entstandenen Elemente, bei denen man von Fall zu Fall mit einer Übertragung rechnen müßte. Tatsächlich denkt Bastian die Elementargedanken aber als eingeborene Ideen, die sich in den verschiedenen »geographischen Provinzen« zu den verschiedenen Völkergedanken entwickelt haben, deren Sammlung er sich widmete. Gerade deshalb durfte seine Sammlung chaotisch sein: Bastian hielt es für vollkommen überflüssig, sich mit dem Zusammenhang der Elemente einer bestimmten Kultur zu beschäftigen; er glaubte sich zu wahllosem Auflesen dieses oder jenes Dings oder Gedankens und zu amorpher Anhäufung und Darstellung isolierter Fragmente berechtigt, weil er glaubte, daß allein die Wissenschaft zur Entdeckung der wahren Ordnung, nämlich der Elementargedanken, fähig sei.[42]

Bastian glaubte wie Lotze an den Menschen als Mikrokosmos, der sich in den Völkergedanken endlich erkennen lasse. Er sah in der Entstehung des Weltverkehrs eine geschichtliche Katastrophe, welche die Völkergedanken unwiederbringlich dahinraffe; denn die mindeste Berührung mit der Zivilisation müßte sie verfälschen.[43] Dahinter steht die Einsicht, daß in der modernen Gesellschaft jedes Produkt wiederholbar ist, die Werke anderer Kulturen aber einzigartig sind, *daß man sie nicht erfinden könnte.* Nur in dieser Einsicht zeigt sich eine Spur der wirklichen Erfahrung der Reise: Bastian war von dem Wunderbaren betroffen und schließlich verwirrt. Die Enthüllung der immer gleichförmig wiederholten Elementargedanken diente der Entzauberung.

II. Synthetische Ethnographie

Ethnographische Erfahrung

Bastians Wahn fand seine Ergänzung und Umkehrung in wohlorganisierten Forschungsexpeditionen, aber auch in der Gestalt des Ethnographen, der sich wie Bastian von der Gesellschaft der Europäer entfremdet, der aber am Leben einer anderen Gesellschaft teilhat – obwohl seine Teilhabe im Dienst ihrer systematischen Erforschung steht. Wenn der Ethnograph die Rolle des »Zivilisierten« mit der des »Wilden« vertauscht, so überschreitet sein Rollenspiel einerseits das, was im akademischen Rahmen als wissenschaftliche Empirie zugelassen und gefordert ist, andererseits gewährleistet die koloniale Distanz, vom Ethnographen verinnerlicht, die Reduktion seiner Fremderfahrung auf ein positives Wissen, was für die koloniale Administration sozialtechnologisch verwertbar ist. Man kann diese Dialektik, durch welche die imaginäre Ethnographie in eine neue Gestalt überführt wird, besonders deutlich am Werk Malinowskis beobachten.
Malinowski hatte während eines kurzen Aufenthalts auf der Insel Mailu an der Südküste von Papua eine der herkömmlichen ethnographischen Studien durchgeführt, als er in der Zeit des Ersten Weltkriegs zwei Jahre auf den Trobriandinseln nordöstlich von Neuguinea lebte, weil ihm aufgefallen war, daß zu einem genaueren Verständnis einer »primitiven« Kultur die Kenntnis ihrer Sprache Voraussetzung ist, und weil er als Pole mit österreichischer Staatsangehörigkeit weder interniert wurde noch seinen vorgefaßten Reiseplänen nachgehen konnte. Da er über wenig Geld verfügte und deshalb nicht imstande war, so konsequent wie Missionare und Händler zu den Trobriandern Distanz zu halten, sah er sich veranlaßt, in einem melanesischen Dorf und mit Melanesiern zu leben, verkehrte aber auch bei den europäischen Händlern, die in geringer Entfernung ansässig waren. Seinem Tagebuch hat er seine unglückliche Isolation anvertraut; vor den Widrigkeiten des alltäglichen Umgangs mit den verhaßten Eingeborenen zog er sich in Scheinwelten zurück, in die Lektüre betäubender Romane, auf einsame Spaziergänge und in gymnastische Übungen, und er scheint auch getrunken zu haben; gegen die erotischen Versuchungen, denen er sich durch die halbnackten Mädchen und Frauen ausgesetzt glaubte, versuchte er sich durch Konzentration der Gedanken an die Verlobte in Australien zu feien.

Krankheit und Hypochondrie hatten den Traum von den Inseln der Glückseligen zerstört; vor der Lethargie und dem Rassismus, der Europäern in tropischen Stationen eigentümlich ist, vor *Almayers Wahn,* hat ihn vielleicht nur sein akademischer Ehrgeiz und ein starkes Pflichtgefühl gegenüber dem Ideal wissenschaftlicher Objektivität bewahrt.
Nur allmählich und widerwillig ist Malinowski in die Gesellschaft der Trobriander hineingewachsen, indem er Freunde gewann und ihre Sprache lernte und durch sie, die Welt mit ihren Augen zu betrachten. Selbst dann verhinderte das Bewußtsein einer anderen Vergangenheit und Zukunft und die strenge Gewohnheit der Selbstbeobachtung die Teilhabe an ihren Festen. Mit Trobriandern leben heißt für den Ethnographen: »teilnehmende Beobachtung«; mit ihnen sprechen: »Interview«; Unterweisung in der Tradition: »Aufnahme«, Sammlung überlieferter Texte. In dieser Zweideutigkeit offenbart sich der Kern der ethnographischen Erfahrung, ihre Polarität: Die Vertauschung der einstudierten Rolle des unbeteiligten Beobachters, die in der gegebenen Situation nur für diesen selbst, nicht für die Beobachteten, einen kohärenten Sinn hat, mit der bereits mühsam erworbenen Rolle des fremden Mitmenschen, des Gastes, den die Gemeinschaft integrieren will –, der Rollentausch, in dem Distanzierung und Identifikation wechselt, ist nur als abrupter Sprung, nicht als kontinuierlicher Übergang möglich. So ist die Welt der Trobriander für Malinowski in plötzlichen Durchbrüchen real geworden – und wieder ins Imaginäre zurückgesunken. In seinem Tagebuch hat er diese Sprünge mit unvergleichlicher Genauigkeit notiert. In einer Mondnacht auf den Amphlettinseln: »Kombination der Stimmungen: Baia di Napoli und Gumawana ›von innen‹... Ausdruck von Gefühlen, komplementäres soziales Milieu, imaginär. Plötzlich taumele ich zurück in das wirkliche Milieu, mit dem ich ebenfalls in Berührung bin. Dann hört es plötzlich wieder auf, in seiner inneren Realität zu existieren, ich sehe es als unvereinbar, aber kunstvoll und wild, exotisch, d.h. unwirklich, unberührbar, an der Oberfläche der Wirklichkeit schwimmend, wie ein vielfarbiges Bild an der Fläche einer festen, aber trüben Wand.«[1]

Wer eine Gesellschaft, ihre Kultur und ihre Landschaft kennt, findet in den Berichten, die andere davon geben, Zeichen, die er mit den inneren Bildern seiner Selbstanschauung vergleichen kann; wer von ganz fremden Völkern hört, sieht sich auf vage Analogien verwiesen, um aus den Details das Bild eines Ganzen zu konstruieren, dessen wahre Proportionen jedoch verborgen bleiben. Erinnernde und antizipierende Vorstellung sind prinzipiell verschieden, wenn ihr Inhalt der selbstverständlichen Lebensform äußerlich ist. Malinowski hat mit Lesern gerechnet, die Melanesien nicht kennen, aber ein Bild vom »Wilden« haben, und er hat deshalb die Trobriander mit einer Genauigkeit dargestellt, die bis in die allgemeinsten Erscheinungen des Lebens reicht. Die Frage, ob es ihm damit gelungen ist, die Trobriander in den Augen des europäischen Lesers vom Imaginären zu befreien, kann zunächst an den Mitteln seiner Ethnographie, der Form der »synthetischen Darstellung«, und dann im Hinblick auf die Polarität des Rollentauschs diskutiert werden.

Malinowski hat über die Trobriander weder eine der herkömmlichen Reisebeschreibungen, deren Helden die Reisenden selbst sind, verfaßt, noch eine der traditionellen Monographien, welche die beobachtete Kultur nach dem begrifflichen Raster der modernen Zivilisation inventarisieren. Sein erstes Buch über die Trobriander, *Argonauts of the Western Pacific*[2], folgt zwar im Aufbau, mit belehrenden und reflektierenden Exkursen, und im Spannungsbogen dem Modell der klassischen Reisebeschreibung, beschreibt aber nicht die Reise des Ethnographen, sondern in der Nachzeichnung des Rollentauschs die der Menschen, unter denen er gelebt hat. Die Reisen, welche die Trobriander auf ihren zerbrechlichen Auslegerbooten auf fremde Inseln ihres Archipels unternehmen, die Abenteuer, die sie auf dem Meer und auf den Inseln erleben, ziehen unseren Lesegewohnheiten entsprechend das Interesse auf sich, das eine Identifikation mit dem Dargestellten einleiten kann. Die beiden anderen Bücher spielen auf ähnlich elementare literarische Formen an: *The Sexual Life of Savages* beschreibt nach dem Schema der Biographie oder des Entwicklungsromans den Lebensweg der Trobriander unter dem Aspekt der Wandlungen der Sexualität, beginnend mit dem vorehelichen Geschlechtsverkehr und über Ehe, Tod und Schwangerschaft bis zur Geburt führend, weil Leben und Tod im Glauben der Trobriander einen Kreislauf bilden.[3] In *Coral Gardens and their Magic* berichtet Malinowski mit Anspielung auf die Zeitform des Kalenders

von der Gartenarbeit und ihrer Abspiegelung in der an sie geknüpften Magie im Wechsel der Jahreszeiten, von den Vorbereitungen des Pflanzens bis zur Ernte und ihrer Verteilung; und damit wird der zeitliche Wechsel von Handel und Abenteuer, Arbeit und Fest, zusammen mit den funktionalen Beziehungen von Sexualität und Inzestverbot, Organisation und Ökonomie, zum Abschluß gebracht.[4]
Weder Typisches oder Durchschnittliches noch Außergewöhnliches stellt Malinowski in der Form der Reisebeschreibung, der Biographie und des Kalenders vor, sondern synthetische Bilder, in welche beobachtete Ereignisse und ihre subjektiven und traditionalen Spiegelungen eingeschrieben sind. Um den Wilden so ins Bild zu setzen, wie er »wirklich ist«, zeigt Malinowski ihn nicht von einem einzigen Standpunkt aus, sondern in verschiedenen und wechselnden Perspektiven, deren Ansichten er zu einem Bild zusammenfügt. Bestandteile des synthetischen Bildes sind die Beobachtungen des Ethnographen, die Ansichten der Trobriander über das Beobachtete, magische Formeln und Mythen, die sich darauf beziehen, Ansichten, die nur auf eindringliches Befragen geäußert werden, und Berichte über ähnliche oder vergleichbare Ereignisse; – neben diesen Aspekten des Besonderen steht gleichgewichtig das Allgemeine, als welches das Ergebnis der ethnographischen Analyse ausgegeben wird.[5] Vergleicht man den Perspektivenwechsel der synthetischen Darstellung mit den Formen der zeitgenössischen Malerei, so fällt die Parallele zum Kubismus auf: Beide richten sich gegen den Illusionismus der Tradition.
In seinem Tagebuch hat Malinowski die folgende Bemerkung über die Natur seines Ehrgeizes notiert: »... mein Glaube an die Bedeutung von Wissenschaft und Kunst – Augen, die sich auf das Werk richten, sehen nicht den Künstler – Ehrgeiz, der aus der ständigen Selbstbetrachtung stammt – Romanze des eigenen Lebens; Augen, die sich auf die eigene Gestalt richten.«[6] Die Trobriander führen in dem Tagebuch, das ausschließlich der Selbstanalyse gewidmet ist, nur eine schemenhafte Existenz, nur als Anlässe des Selbsterlebnisses treten sie an die Oberfläche des Tagebuch-Bewußtseins. Umgekehrt zieht Malinowskis eigene Gestalt nur wie eine registrierende Apparatur durch seine Bücher über die Trobriander. Sooft die Perspektive wechselt, wechselt der Standpunkt des Aufnahmegerätes, dessen Dabeisein der Leser nicht vergessen wird, obwohl seine Aufmerksamkeit ihm nicht gilt. Malinowski hat sich ein Leben lang mit den alltäglichen Ereignissen beschäftigt, in die er zwei Jahre marginal verwickelt war. Seine Monographien lassen sich schon deshalb auch als Erinnerungen lesen: Nach einem anfangs

verborgenen Ordnungsprinzip führt der Text von Assoziation zu Assoziation; in langsamen, systematischen und erschöpfenden Bahnen wird Zug um Zug eine Welt rekonstruiert, deren Realität für den Autor der Vergangenheit angehört, für den Leser aber einer unbekannten Ferne.

Rollentausch und Satire

»Wir haben uns hier versammelt«, sagt Malinowski in einer Festrede, »um das jährliche Totemfest des ›*Golden Bough*‹ zu begehen... Ich habe mich entschlossen..., einen Anderen durch meinen Mund sprechen zu lassen, einen Anderen, der Sir James Frazer inspiriert hat und ihm ein lebenslanger Freund war, wie Sir James uns. Dieser Andere – ich brauche es kaum auszusprechen – ist der moderne Vertreter des primitiven Menschen, der zeitgenössische Wilde, dessen Gedanken, dessen Gefühle, ja dessen Atem alles durchdringt, was Frazer geschrieben hat.«[7] – Außerhalb des ethnographischen Rahmens ist der bloßen Vorspielung einer Vertauschung der Rolle des »Zivilisierten« mit der des »Wilden« ein satirisches Moment eigentümlich, das schon Voltaire gegen Rousseau ausgespielt hatte. Aber im Gegensatz zu Voltaire konnte Malinowski die Travestie zum Wilden gegen die Zivilisierten ausspielen, weil er wußte, welche Rollen Trobriander akzeptieren, und weil er die Rolle des Zivilisierten von ihnen neu gelernt hatte, zur Satire gesteigert.

Der Wilde, der durch Malinowskis Mund sprach, hatte nicht die Absicht, die Zivilisation in einer Perspektive zu kritisieren, die ihr selbst eigentümlich ist. Im *Einbruch der Sexualmoral* hat Wilhelm Reich, auf Malinowskis Schriften gestützt, das Geschlechtsleben der Trobriander zu einer europäischen Utopie verklärt; mit bedeutsamer Asymmetrie reizt umgekehrt das Geschlechtsleben der Europäer die Trobriander zur Satire. Malinowski, der die »primitive Unkenntnis« der Funktion der Zeugung ausführlich kommentiert hat, berichtet: »Insgesamt sind sich die Eingeborenen sicher, daß der weiße Mann nicht weiß, wie man den Geschlechtsverkehr wirksam durchführt. Tatsächlich besitzen die eingeborenen Köche und Diener, wenn sie einige Zeit bei weißen Händlern, Pflanzern oder Beamten beschäftigt waren, ein besonderes Talent, die Beischlafmethoden ihrer Herren zu imitieren«.[8]

Im Licht dieser satirischen Vertauschung der Rolle des »Wilden« mit der des »Zivilisierten« – und das Verständnis dieser Satire setzt die Bereitschaft voraus, die Rolle des »Wilden« anzunehmen – ist zu verstehen, daß Malinowski von der anthropologischen Beobachtung der Anderen eine Selbsterkenntnis erwartete, die Hegels Begriff der beobachtenden Vernunft prägnant variiert: »Anthropologie ist die Wissenschaft vom Sinn für Humor. Sie kann so ohne allzu viel Anmaßung oder Scherzhaftigkeit definiert werden. Denn uns selbst so zu sehen, wie andere uns sehen, ist nur die Umkehrung und die Ergänzung der Gabe, andere so zu sehen, wie sie wirklich sind, und wie sie sein wollen: und dies ist das Metier des Anthropologen... Er muß den Menschen im Wilden finden, er muß den Primitiven im hochkultivierten Europäer von heute entdecken.«[9]

Der Kolonialismus hat den Mythos von den »Wilden« und den »Zivilisierten« geschaffen und sich hinter der hochmütigen Maske der Zivilisation verborgen. Der Rollentausch eröffnet Perspektiven, in denen die koloniale Distanz ihren Schein einbüßt: Das Ideal wird zur Karikatur, aber in der Karikatur zeigt sich ein menschliches Gesicht.

Man kann Malinowski als Nachfahren der Desillusionsromantik bezeichnen. Die dunkel glühenden, exotischen Visionen Frazers waren es, die sein Interesse an der Anthropologie geweckt und ihn nach Melanesien geführt hatten. *Naturmythos, Naturkontakt, Naturvölker:* So nennt er die »allgemeine theoretische Sauce«, mit der er seine konkreten Beobachtungen anmachen will.[10] Charakteristisch ist das komische Moment der Geste, mit der er seine Leser schwärmerisch einlädt, die staubige Bücherstube zu verlassen. So schreibt er – unübersetzbar – im Anschluß an eine Zusammenfassung der Mythostheorien: »If I have conveyed an impression of chaos and confusion, if I have inspired a sinking feeling towards the incredible mythological controversy with all the dust and din which it raises, I have achieved exactly what I wanted. For I shall invite my readers to step outside the closed study of the theorist into the open air of the anthropological field, and to follow me in my mental flight back to the years which I spent among a Melanesian tribe of New Guinea. There, paddling on the lagoon, watching the natives under the blazing sun at their garden work, following them through the patches of jungle, and on the winding beaches and reefs, we shall learn about their life.«[11] – Die Wilden, der Liebeszauber, Inseln im Ozean, das Land der Toten, Nacktheit, Muscheln, Perlen, Mondnächte, Korallengärten – wir werden eingeladen, Gegenstände der Sehnsucht als Realität aus der Nähe zu betrachten.

Die Frage, ob Malinowski den Illusionismus der imaginären Ethnographie aufgelöst oder ob er lediglich den romantischen Mythos vom

Wilden in einen modernen, pragmatischen Mythos vom Wilden überführt hat, läßt sich nicht eindeutig entscheiden. Chamissos Urteil, daß die Berichte der Reisenden wahr sind, daß man aber die Selbstanschauung braucht, um sie zu verstehen, gilt auch für Malinowskis synthetische Ethnographie. Darum kann jemand, der sie studiert und dann die Trobriander besucht, die Erfahrung machen, daß es ihm wie Schuppen von den Augen fällt: Sie sind so, wie er es gelesen, aber anders, als er es sich vorgestellt hat. Das Überraschende ist, daß es die Trobriander wirklich gibt – und in Wahrheit vermag keine Reisebeschreibung und keine Ethnographie ihre Leser von dieser einfachen Tatsache zu überzeugen.

Funktionalismus und Humanismus

Man kann die Zweideutigkeit der synthetischen Ethnographie auch auf die zeitgenössische Geistesgeschichte Europas beziehen; der Motivwandel des Ethnographen, der nun bereit ist, am Leben der »Wilden« teilzuhaben, korrespondiert der vitalistischen und primitivistischen Abkehr von der technischen Zivilisation, die auch die Kunst der Jahrhundertwende und die Jugendbewegung geprägt hat; und Malinowskis Versuch, die klassische Gestalt des Humanismus zu erneuern, die Mythologie nicht mehr textimmanent, sondern aus der Beobachtung ihres lebendigen Gebrauchs zu interpretieren, korrespondiert dem Pragmatismus, in dem die funktionalistische Seite der synthetischen Ethnographie vorgebildet war.

Das Bild des Humanisten hat Malinowski in einem Nachruf auf Frazer skizziert, den er als den letzten großen Repräsentanten des Humanismus betrachtete, weil er glaubte, die universale und zweckfreie Gelehrsamkeit sei unter den Schlägen des Weltkriegs obsolet geworden. Leben und Werk Frazers schienen ihm ein Paradox zu bilden: Leidenschaftlich habe er sich gerade dem Fremdartigen und Exotischen gewidmet, sei aber bei ungewöhnlichen persönlichen Begegnungen hilflos gewesen. Von seiner Frau vor den Widrigkeiten des sozialen Lebens behütet, habe er Visionen ferner Länder und mythischer Welten geschaffen und in dieser für ihn realen und objektiven Welt als ein Visionär gelebt.[12]

Man darf annehmen, daß Malinowski gegen das Paradox des humanistischen Gelehrten, dem die imaginäre Ethnographie entspringt, für sich selbst angegangen ist.

1918, gegen Ende seines Aufenthalts bei den Trobriandern, notiert Malinowski Gedanken über einen »Neuen Humanismus«: Humanistisches Denken ist dem »petrifizierten« entgegengesetzt; es ist ein fataler Irrtum, es an die »Klassiker« zu binden; es muß sich an lebenden Menschen orientieren, an der lebenden Sprache und lebendigen »vollblütigen« Tatsachen. Ein totes Ding darf nicht das Idol einer ganzen Gemeinschaft sein, die das Denken monopolisiert. Um die Dinge zu beleben, muß man vom Leben selbst ausgehen.[13]

Mit den vielschichtigen Erfahrungen und Materialien war die Möglichkeit gegeben, die mythische Überlieferung der Trobriander nicht mehr nur aus sich selbst, sondern aus ihrem Gebrauch zu verstehen: Die immanente und formale Analyse magischer und mythischer Texte ließ sich mit den expliziten Erklärungen der Trobriander und der ethnographischen Beobachtung ihrer Funktion verbinden. Malinowski richtete sein Interesse auf das Problem der Bedeutung, die er als die Funktion der sprachlichen Äußerung definierte. Die Worte sind Zeichen, die im Empfänger Reaktionen auslösen, und durch die Beobachtung der Zeichen und Reaktionen wird die Bedeutung erfahren. Deshalb kann man eine Sprache nicht aus Büchern lernen, sondern nur durch die Teilhabe an der Gemeinschaft, die sie spricht. Im Hinblick auf den Humanismus lag der Sinn dieser »Erneuerung« im Hinweis auf die Bedeutung, die der ethnographischen Analyse – d.h. der Analyse der Lebensform – für die Übersetzung zukommt. Die Situation wurde zum Schlüssel für die Deutung der Mythologie.[14]

Das Verfahren der synthetischen Ethnographie zielt auf die Integration des Disparaten zur Totalität. In bewußter Abkehr von den wahllosen Sammlungen des 19. Jahrhunderts versucht Malinowski – und das ist die Grundlage seines »Funktionalismus« – nicht nur seine Materialien um theoretische Konzepte zu organisieren, sondern auch, die inneren Bezüge der Institutionen als stringenten Funktionszusammenhang aufzuweisen. Das impliziert, daß das Fremdartige und Unverständliche des ethnographischen Details durch den Bezug auf ein sinngebendes System eliminiert wird; dabei ist aber nicht mehr wie bei Hegel und Bachofen die Fremdheit des Einzelnen in der Fremdheit der anderen Totalität, der verkehrten Welt, aufgehoben; denn die funktionalistische Analyse bezieht die Elemente als Mittel auf ein System von Zwecken, die Gegenstände, Handlungen und Symbole einer Kultur finden als Funktionen von biologischen Grundbedürfnissen des Menschen, die als universale unmittelbar verständlich sind, eine vernünftige Erklärung. Der »Wilde« erscheint nicht länger als exotisch und irrational, sondern geradezu als zweckrationales Wesen, dessen Mythen und Rituale selbst integrale Momente einer Lebensform sind, die ausschließlich auf die Befriedigung von naturnotwendigen Bedürfnissen abzweckt.

Denkt man die synthetische Ethnographie als »Idealtypus« im Sinne Max Webers, so ist sie eine Abstraktion aus der Vielfalt des Lebens auf typische Züge, eine Feststellung von »Zurechnungen«, welche die Wirklichkeit vereinfachen. Weber erschien dies als die einzig legitime Weise, Totalität zu denken: Der Idealtypus ist ein Plan, dessen Sinn darin liegt, daß man die Wirklichkeit mit ihm vergleichen kann, die Zurechnungen stellen das organisierende Prinzip des Vergleichs bereit. Das setzt voraus, daß man über eine Anschauung des Lebens verfügt, sei diese Selbstanschauung oder Studium der Tradition. In der synthetischen Ethnographie verfügt zwar der Analytiker über die Anschauung des spezifischen fremden Lebens, das mit dem Idealtypus zu vergleichen ist, nicht aber sein Leser, dem in den meisten Fällen auch keine anderen Quellen zugänglich sind.

Schon in seiner Untersuchung der Familie bei den Australiern hatte Malinowski kritisiert[15], daß in den ethnologischen Theorien die Betrachtung des Individuums in der Gruppe verschwindet, und zum Teil verfolgt seine melanesische Ethnographie die deutliche Absicht, gegen die zeitgenössische Imagination vom Kollektivismus der Urgesellschaft ihren Individualismus geltend zu machen. Das lag auf der Linie von Webers Soziologie. Da ihm die Darstellung des »Skeletts« nicht genügte, wenn das »Fleisch und Blut« fehlt, machte Malinowski es sich bei der Beschreibung der Trobriander zum Prinzip, jedes Phänomen in der ganzen Reichweite seiner »konkreten Manifestationen« zu studieren, und gab damit – im Gegensatz zu seinen Nachfolgern, den Strukturalisten – das Anschauungsmaterial, das eine Verwechslung von Idealtypus und Wirklichkeit verhindern könnte. Zugleich zeigt sich darin noch einmal das nachdrückliche Interesse am Leben, für das Nietzsche und wohl auch Weber tiefere Formulierungen gefunden haben. Wo aber Malinowski nicht über eine reiche Selbstanschauung verfügt, wie in seinen späten allgemeinen Schriften, gerinnt der Funktionalismus zur sozialtechnologischen Utopie: Der totale Funktionszusammenhang der primitiven Gesellschaft, in der alle Gegenstände, Handlungen und Symbole Mittel zu naturgegebenen Zwecken sind und die Individuen gleich Marionetten in das Netz der Totalität geknüpft scheinen, erweist sich als die imaginäre Ethnographie einer verkehrten Welt, jenes »stählernen Gehäuses«, als welches Weber die totalitäre Bürokratie des Spätkapitalismus beschrieben hat. Deshalb

war es möglich, die Konzepte und Methoden des ethnographischen Funktionalismus auf die Soziologie der modernen Gesellschaft zu übertragen.
In der Perspektive einer fortschrittsbewußten Gesellschaft wird die funktionalistische Akzentuierung der Kultur als notwendig integrierter Totalität der konservativen Legitimation des Bestehenden zugerechnet; in bezug auf die kolonialisierten Gesellschaften dagegen impliziert der Funktionalismus eine Rechtfertigung ihrer Autonomie und ihre Verteidigung gegen koloniale Eingriffe. Tatsächlich hat Malinowski schon 1922 betont, daß selbst eine partielle Einmischung zum Zusammenbruch des integrierten Ganzen einer Kultur führen kann, und gelegentlich ist er so weit gegangen, sogar Kopfjagd und Kannibalismus für funktional unabdingbar zu erklären, Institutionen, deren Unterdrükkung die koloniale Administration sich überall zur Pflicht gemacht hatte. Objektiv haben aber die Ethnographen der kolonialen Administration die Mittel zu gezielten Interventionen gegeben, durch die der Funktionszusammenhang der kolonialisierten Gesellschaften nicht verletzt, sondern in den Dienst ihrer Beherrschung genommen wurde. Erst der Funktionalismus hat deshalb die Aufgabe erfüllt, die Bastian der Ethnologie gestellt hatte: Sie solle das Wissen bereitstellen, durch das der Eingeborene mit sanfter Gewalt zu leiten wäre. Die materielle Förderung der funktionalistischen Ethnographie stand im Rahmen der *indirect rule,* in der auch Malinowski ein »vitales« Anliegen sah, als er schließlich doch eine Theorie des »Kulturwandels« am Modell der Rassenbeziehungen in Afrika entwarf.[16] Obwohl die Funktionalisten oft das Gefühl hatten, »ihren Stamm« gegen eine fehlgeleitete Kolonialpolitik zu schützen, haben sie die Frage nach der prinzipiellen Berechtigung des Kolonialsystems nicht gestellt. Infolgedessen waren sie sich ihrer eigenen Rolle und der historischen Bedeutung ihrer Arbeit nicht bewußt. Seit die Emanzipationsbewegungen die Kolonialherrschaft gestürzt haben, ist die Anthropologie in eine Krise geraten, deren Lösung entscheidend von den kolonial deformierten Kulturen selbst abhängt.
Der »Neue Humanismus«, den Malinowski bei den Trobriandern geplant hatte, ist der Ambivalenz des alten nicht entgangen: Durch den Rekurs auf eine andere Kultur, die der Antike, die des Orients und zuletzt die der Primitiven, wird gegen die leeren Mechanismen und die Zwänge der Arbeitsteilung in der bürgerlichen Gesellschaft ein Bild der Humanität geltend gemacht, das von eben derselben Gesellschaft in Dienst genommen wird – aufgrund jener geheimen Komplizenschaft,

die in der Verkehrungsrelation der imaginären Ethnographie schon vorgegeben war. Die Ethnologie hat heute in den Vereinigten Staaten, in England und Frankreich, wo Lévi-Strauss die strukturale Anthropologie als die letzte und höchste Entfaltung des Humanismus propagiert, Funktionen der humanistischen Bildung übernommen, weil sie ein integrales Menschenbild zu vermitteln sucht, das der neuen Weltzivilisation angemessen scheint. Wie sehr aber tatsächlich die »Primitiven« der Zivilisation des 20. Jahrhunderts als verkehrte Welten dienen, das zeigt sich deutlicher noch an der modernen Kunst, die sich auf die primitive bezieht und zugleich zu ihr einen Abstand wahrt, der in vieler Hinsicht mit der Umdeutung der antiken Kunst durch die Kunst der Neuzeit zu vergleichen ist. Dem entspricht, daß der Weg, der von der Anthropologie Winckelmanns und Herders zur Ethnographie des Funktionalismus und Strukturalismus führt, eine Parallele in der Auseinandersetzung der europäischen Kunst mit den kulturellen Physiognomien der außereuropäischen Völker hat. Im folgenden sollen daher einige Momente der Abkehr vom Klassizismus und Symbolismus und der Hinwendung zum »Primitiven«, d.h. zum Primitivismus, am Modell der Darstellung Ozeaniens in europäischen Bildern sichtbar werden.

III. Europäische Maler in Ozeanien

Die Illustratoren der Reisewerke

Die europäische Kunst hat sich wiederholt um die Darstellung nicht-europider Physiognomien bemüht. Während sie die Probleme der afrikanischen Physiognomie seit der Renaissance oberflächlich lösen konnte, war sie bis ins 19. Jahrhundert nicht in der Lage, die anthropologischen Typen Amerikas und Ozeaniens darzustellen: Sie neigte dazu, sie an das klassizistische Ideal anzugleichen. So haben die Illustratoren der Reisewerke vor allem die Bewohner der Südseeinseln immer wieder zu idealisieren versucht.

Im 18. und frühen 19. Jahrhundert steht bei den Illustratoren der Reisewerke häufig die Bemühung um das ethnographische Detail im Vordergrund. Was in den Museen gesammelt wurde, technische, zum Teil sogar künstlerische Erzeugnisse, Kleidung, Schmuck und Waffen, darüber hinaus aber auch Körperbemalung und Tatauierungen, läßt sich in diesen Zeichnungen und Kupferstichen zum Teil sehr präzis wiederfinden. Dabei ist für die Geschichte des Sehens aufschlußreich, welche optischen Mißverständnisse den Künstlern unterlaufen, sobald ihr Gegenstand eine gewisse Komplexität aufweist. Für die Tatauierungen der Marquesaner, die seit 1774 von europäischen Reisenden in Portraits festgehalten wurden, hat Karl von den Steinen eine Reihe von solchen Mißverständnissen aufgedeckt.[1] Die Zeichner hatten keine Kenntnis von der signifikanten Ikonographie der Muster. Sie konnten deshalb z.B. bedenkenlos die Spiralen der Maori-Tatauierungen als konzentrische Kreise wiedergeben, die geschlossenen Kreise und Ellipsen der Marquesaner aber als Spiralen – eine Verwechslung, die zwar für die europäische Ästhetik, nicht aber für die Ethnographie belanglos ist.[2] Die gegenständliche Bedeutung hochstilisierter Motive wie die des Ipu, Augen und Pupillen, wurde nicht verstanden und das Motiv deshalb oft als beliebig schweifende Windung wiedergegeben. Die Gleichgültigkeit gegen die ursprüngliche Sinngebung der polynesischen Tatauiermeister und das Bedürfnis, den unverstandenen Motiven einen neuen, »europäischen« Sinn unterzuschieben, in das Unbekannte etwas Bekanntes hineinzusehen, hat auch noch die besten Reisebilder verfälscht. So zeigt der berühmte Keulenträger des Tilesius von der Expedition Krusenstern (1804) – in der klassizistischen Pose eines

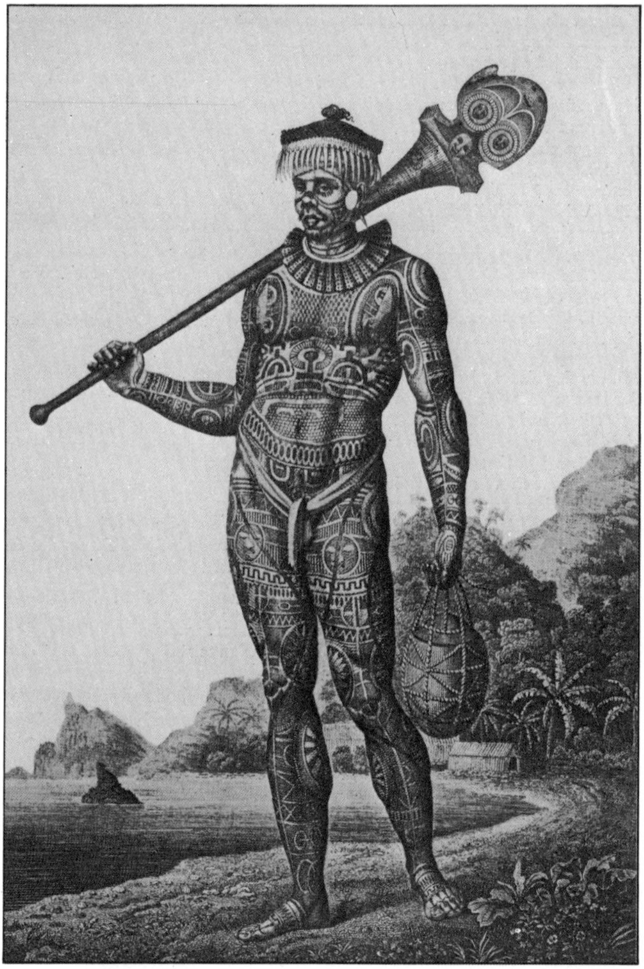

Abb. 1 Krusenstern 1804, Marquesanischer Keulenträger

keulentragenden Herkules – an Knie und Wade nicht das marquesanische Kreismuster, sondern »Sonnenbilder«. (Abb. 1)
Während idealistische Umdeutungen auch aus der Antikenzeichnung des 18. und 19. Jahrhunderts bekannt sind, weisen die Reisebilder eine spezifische Entstellung in ihrem allgemeinen Charakter auf: Sie unterliegen der exotischen Symbolik, welche die europäische Vorstellung von den tropischen Paradiesen in den Weiten des Ozeans bis heute bestimmt. In Landschaften, die nur durch die Vegetation als tropisch

gekennzeichnet sind, stehen die edlen Wilden wie dekorative Puppen, ihre Posen sind »malerisch« oder theatralisch, so daß die ethnographischen Details der Waffen und des Schmucks im Gesamteindruck als Staffage wirken. Gestik und Gesichtsausdruck der Figuren entsprechen oft dem Repräsentativbild des 18. Jahrhunderts. Der allgemeine Eindruck, den der unbefangene Betrachter erhält, ist der eines pathetischen Theaterstücks, das unfreiwillig komisch wirkt. Obwohl diese Künstler versucht haben, die Wirklichkeit wiederzugeben, zeigen ihre Bilder etwas Unwirkliches.

Dies Unwirkliche nähert sich umso mehr dem Unwirklichen des Kabaretts an, je weniger der Künstler sich auf eigene Anschauung stützen kann. Da viele Illustratoren ihre Bilder nur nach Beschreibungen oder Skizzen angefertigt haben, mußten sie das fehlende aus der Phantasie oder aus Bezirken der bürgerlichen Kultur ergänzen, die in Europa selbst exotische Motive zitieren. So zeigt sich in den Reisewerken schon früh eine eigene Art von Synkretismus, indem in einem Bild Motive aus den Illustrationen anderer Reisebücher zusammengelesen sind.[3] Die Neigung zum Theatralischen verrät sich prägnant in dem Bild der marquesanischen *Prinzessin Mounatini im Hochzeitsschmuck* von der Pariser Weltausstellung. Ihre Schildpattkrone ist aufgerichtet, sie ist mit Motiven tatauiert, die in Wahrheit Männern vorbehalten sind, ihr Rock ist vorn aufgeschlagen, so daß der Schurz sichtbar wird. Dies verleiht der Prinzessin mit dem symbolistisch starren Blick, dem traumhaft-fremden Gesichtsausdruck verstärkt die Wirkung schwüler Erotik, die sich über den Klassizismus hinaus als Grundton exotischer Bilder erkennen läßt. (Abb. 2)

Oft genug kann man in den Physiognomien der vorgeblichen Polynesier und Indianer die Nationalität des Malers erkennen. Lafiteaus Irokesen sind ebenso deutlich Franzosen wie die Osterinsulaner des La Pérouse, während Cooks Tahitaner zweifellos Engländer sind. Auch die Gestik und Mimik des höfischen 18. Jahrhunderts bleibt weithin bestimmend. Man hat darauf hingewiesen, daß keine bedeutenden Künstler die ethnographischen Expeditionen des 19. Jahrhunderts begleitet haben. Immerhin wären viele der Illustratoren sicher in der Lage gewesen, Europäer zu porträtieren, aber ihre »Wilden« sind bei aller ethnographischen Genauigkeit kostümierte Europäer, ihr Bildausdruck bleibt den Klischees der Jugend- und Reiseliteratur verhaftet.[4]

Die Kehrseite und Ergänzung der Idealisierung des Amerikaners und Polynesiers zeigt sich an der Darstellung des Afrikaners: Im 16. Jahrhundert beginnt im venezianischen Kurtisanenbild jene Herabset-

Abb. 2 Prinzessin Mounatini
Pariser Weltausstellung 1900

zung des Afrikaners zum »Mohren«, der Früchte reicht, Vorhänge rafft, trägt und dient. Diese Rolle und die damit verbundene Entindividualisierung zum bloßen Requisit wird dem Afrikaner in der europäischen Malerei bis Ingres zugeschrieben. Diese Rollenzuweisung belegt, daß es nicht nur die Grenzen der kulturspezifischen Ästhetik waren, die der europäischen Kunst Wahrnehmung und Darstellung anderer Völker unmöglich machten, sondern zugleich ein soziologisches Moment, das Herrschaftsverhältnis des Kolonialismus.[5]

Während die Maler, die die Forschungsexpeditionen des 18. und 19. Jahrhunderts begleitet hatten, wissenschaftlich-journalistischen Interessen gefolgt waren, kam Gauguin auf der Flucht vor einer als dekadent verstandenen Zivilisation nach Tahiti. Von den symbolistischen Malern, die die gesellschaftliche Welt als irdische Hölle darstellten und sich erlesene Paradiese erträumten, war Gauguin der einzige, der den Mut hatte, ein malbares irdisches Paradies fern von der Dekadenz der Salons zu suchen. Er sah sich in seinen Hoffnungen enttäuscht; und obwohl er seinen Traum auf Tahiti fortsetzte, gelang ihm auf seine Weise eine Entdeckung, die man rückblickend in der Perspektive der ethnographischen Erfahrung interpretieren kann.

Der Symbolismus, zu dem man die Kunst Gauguins rechnet, setzte in vieler Hinsicht die Tradition der romantischen Mythologie fort. Er kleidete die traumhaften, perversen und angstvollen Visionen, die nicht ohne Mystifikation zur Sprache kommen durften, noch einmal in das Gewand der klassischen und biblisch-christlichen Mythologie. Dabei setzte die symbolistische Bohème sich als Negativbild des Bürgertums ab; sie protestierte gegen den Akademismus, den Positivismus und die »Seichtigkeit« der bürgerlichen Moral. Aber die symbolistische Subversion konnte mit dem geheimen Einverständnis des Bürgertums rechnen; die Allegorien und Symbolbilder von Sünde, Hoffnung und Tod, die Gestalten der Salome, der Medusa und der Sphinx waren vom Motiv her durch die akademische Malerei legitimiert, und der Bürger konnte in ihnen seine eigenen Wunsch- und Schreckbilder betrachten.[6] Die fremdartige Bilderwelt des Symbolismus ist die verkehrte Welt der bürgerlichen Gesellschaft. In den polynesischen Bildern Gauguins dagegen findet man unter der symbolistischen Verfremdung Tahiti.

Das zentrale Moment der ethnographischen Erfahrung, die in Gauguins Schriften greifbar wird, ist die Enttäuschung. »Der Traum, welcher mich nach Tahiti geführt, wurde durch die Tatsachen grausam verscheucht«[7] – dieser berühmte Satz aus *Noa Noa* ist zwar zunächst auf die koloniale Deformation zu beziehen, aber auch eine vorkoloniale polynesische Gesellschaft hätte Gauguins Traum nicht erfüllt; denn der Traum ist eine Verfremdung, die von der Fremdheit anderer Gesellschaften verschieden ist: Als Negation stand Gauguins »Traum« gleichsam im selben Raum wie das Negierte, während Tahiti außerhalb dieses Verhältnisses lag. Eben deshalb konnte Gauguin nach einem Jahr seiner Bekanntschaft mit Tahiti erklären, daß der Charakter der Südseeinseln sich ihm erschließe, und daß seine Bilder etwas Neues, in Europa nie Gesehenes – und, so kann man ergänzen, nie Erträumtes – zeigen würden, dessen Reiz nicht in eigentlicher Schönheit, sondern im Geheimnisvollen liege.[8] Zwar hatte er sich nur »zur Zerstreuung« mit der polynesischen Sprache befaßt, aber damit hatte er sich neben dem optischen Zugang auch den kommunikativen eröffnet, den er durch die polynesischen Bildtitel dem Werk selbst beifügte.[9] Die Enttäuschung hatte ihn gezwungen, sich mit den Tatsachen auseinanderzusetzen, und die Tatsachen erwiesen sich als geheimnisvoller denn der Traum. Da Gauguin der europäischen Welt entfliehen wollte, lebte er inmitten der Tahitaner; er machte die Erfahrung der Unterlegenheit, denn er kannte weder ihre Lebensform noch die einfachsten Techniken, die notwendig waren, um unter diesen Umständen auch nur die tägliche Nahrung zu beschaffen. So mußte er, vom Umgang mit Menschen und Dingen seiner Kultur getrennt, am Leben der Tahitaner teilnehmen.[10]

Gauguins intellektuelle, explizite Einsicht in die Struktur der polynesischen Gesellschaft war offensichtlich oberflächlich. Die wenigen soziologischen Beobachtungen, die er mitteilt, ließen sich auf die übliche Weise mit europäischen Erklärungen hinweg rationalisieren.[11] Der Künstler, der im alltäglichen Leben und optisch einen so sicheren Zugang zu den Tahitanern findet, versucht ihre Beschreibung dennoch auf dem Wege einer philologisch-mythologischen Ethnographie. Wenn es in *Noa Noa* heißt: »Ich vervollständige Tehuras Lektion mit Hilfe des Fragments einer uralten Handschrift, die in Polynesien gefunden wurde« – so ist damit das Bild einer geheimnisvollen Gelehrsamkeit und einer treuen philologischen Entdeckung heraufbeschworen, aber in Wahrheit stammen Gauguins Kenntnisse aus Moerenhouts Reisewerk von 1837.[12] Gauguin liest in die polynesische Mythologie die »Naturreligion« des 19. Jahrhunderts. Die Personifikation der Naturkräfte, der Dualismus von Geist und Materie, symbolisch gefaßt, die diffusionistische Spekulation von den umherwandernden Brahmanen, welche die esoterische Lehre den Völkern der Südsee gebracht hätten – alle diese Elemente der romantischen Mythologie finden sich wieder versammelt. Nach dem Zeugnis von *Noa Noa* scheint Gauguin Tahiti tatsächlich in dieser Perspektive betrachtet zu haben.[13] Gauguin hat die in die Natur hineingeschaute Mythologie schließlich in Polynesien gemalt, er hat die Naturkräfte selbst personifiziert.[14] Noch der Abglanz der Mythologie bot ihm die Möglichkeit zu jener feinen, wenn auch fragwürdigen Synthese von symbolistischer Imagination und ethnographischer Erfahrung, durch die es ihm gelang, das angeschaute Tahiti für europäische

Augen darzustellen, die doch in ihren eigenen Gewohnheiten und Phantasien befangen sind.
Gauguin ist es zum ersten Mal gelungen, die polynesische Physiognomie und Gestik darzustellen. Er konnte auf die Zeichen der tropischen Botanik verzichten, da der Schauplatz seiner Bilder durch die tropischen Lichtverhältnisse und durch die Farbigkeit eindeutig bestimmt ist. Dabei war sicher sehr wichtig, daß er durch seine Auseinandersetzung mit der japanischen, ägyptischen, indischen und peruanischen Kunst nicht mehr ausschließlich auf die Darstellungsmittel der europäischen Tradition angewiesen war.[15] Verglichen mit diesem auf die Hochkulturen beschränkten Stil-Synkretismus Gauguins erscheint seine Beschäftigung mit der polynesischen Kunst selbst nur beiläufig. Diese Kunst war ja zu Ende des 19. Jahrhunderts bereits fast ganz nach Europa entführt worden. Man wird schon deshalb eine »ethnographische« Genauigkeit im engeren Sinn nicht erwarten dürfen: Die Götterfiguren, die in vielen Bildern auftauchen, sind oft genug freie Erfindungen, die bestenfalls polynesisch anmuten. Kann man noch zugestehen, daß manche Stimmungen, der festliche Glanz und selbst viele der unwirklich anmutenden Farben in der Südsee wirklich vorkommen, so sind doch die symbolischen Wirkungen der Bilder ohne den europäischen Symbolismus nicht zu verstehen.
»Vor der Eva meiner Wahl, die ich in den Formen und Harmonien einer anderen Welt gemalt habe, mögen Ihnen schmerzliche Erinnerungen an ihre Vergangenheit gekommen sein. Ihre zivilisierte Eva macht sie und fast uns alle zu Weiberfeinden. Die ursprüngliche Eva, die Ihnen in meinem Atelier Angst macht, könnte Ihnen eines Tages weniger abweisend zulächeln. Diese Welt, die vielleicht kein großer Naturforscher entdecken könnte, ist ein Paradies. Ich habe es nur in Umrissen angedeutet. Bis der Traum Wirklichkeit wird, das ist ein langer Weg. Aber was kommt es darauf an? Das Glück zu ahnen, ist das nicht schon ein Vorgeschmack des Nirwana? – Die Eva, die ich gemalt habe – und sie allein – darf nackt vor unseren Augen stehen. Die Ihre könnte so nicht schreiten…«[16] – Gauguins Bilder sind in der Tat in den Formen und Harmonien einer anderen Welt gemalt, in die er die Themen der abendländischen Kunst transponiert, um ihnen die Glaubwürdigkeit zu verleihen, die ihnen in Europa verlorengegangen war.[17] Gauguin hat den Widerspruch zwischen seinem Traum und der Wirklichkeit Tahitis schließlich durch die Einbeziehung des Fernwehs, der Sehnsucht nach dem Paradies selbst gelöst.[18] Wenn Gauguin ausdrücklich erklärt, er male nicht nach der Natur, sondern nach der Phantasie[19], so muß man

sich vergegenwärtigen, daß seine Imagination nun nicht mehr allein europäische Erfahrungen verfremdet, sondern auch das Selbsterlebnis Tahitis. Gerade durch diese Subjektivierung sind seine Bilder in einem komplexen Sinn ethnographisch genauer als die nach der Natur gemalten Bilder der Illustratoren. Indem Gauguin seinen Traum nicht eingelöst sah, sondern fortträumte, indem das romantische Fernweh in der Ferne, in der er lebte, überdauerte und durch sie seinen Ausdruck fand, indem das Fremde ihm fremd und geheimnisvoll war, hielt er die Distanz, in der er Europäer bleiben und europäische Bilder malen und zugleich von den Tahitanern lernen konnte. Gerade an diesem Verhältnis von Hingabe und Distanz erweist sich die ethnographische Erfahrung Gauguins als wahr.

Als Gauguin schließlich Tahiti verließ und zu den Marquesanern ging, wagte er den letzten, entscheidenden Schritt: Er wechselte die Fronten. – Die Kunstgeschichte besteht darauf, daß Gauguin Europäer geblieben ist, weil die Formen der polynesischen Kunst seine Malerei nicht bestimmt haben.[20] Aber im Kontext der kolonialen Repression gibt die Parteinahme für oder gegen Europa den Ausschlag. Gauguins letzte Jahre waren leidvoll; er wurde zunehmend von den Europäern isoliert, und in dieser Isolation schlug die Suche nach dem Paradies um in eine unwiderrufliche soziale Teilnahme am Leben derer, die ihn akzeptierten. Gauguin versuchte eine Eingabe an die Kolonialbehörde, in der er die Repressionspraktiken von Verwaltung und Gendarmerie aufdeckte – er wurde als Aufwiegler der Eingeborenen angeklagt. Nun konnte er mit Recht an Fontainas schreiben: »wir Wilden von den Marquesasinseln...«[21] Aber auch im Rahmen der Kunst des imperialistischen Zeitalters liegt das Skandalöse in den Bildern Gauguins gerade darin, daß sie sich zum ersten Mal von Europa abkehren und die Partei des »Wilden« ergreifen, den die Kolonialherrschaft, die Kunst und fast bis heute die anthropologische Wissenschaft zu einem Monstrum oder einer abstrakten Struktur enthumanisiert haben. Kurz vor seinem Tod schreibt Gauguin aus Atuona in einem unbedingt ernsten Brief an Morice: »*... ich werde etwas für die Marquesas geleistet haben... Es ist sicher: Die Wilden sind doch bessere Menschen als wir. Du hast dich getäuscht, als du eines Tages zu mir sagtest, ich täte unrecht daran, mich einen Wilden zu nennen. Es ist dennoch wahr: Ich bin ein Wilder. Die Zivilisierten spüren das. Was sie an meinen Werken überrascht und außer Fassung bringt – was ist es anderes, als daß ich ein ›Wilder wider Willen‹ bin?*«[22]

Max Pechstein war der einzige Maler von Rang, der dem Beispiel Gauguins folgen wollte. Er reiste 1914 nach Palau, mußte seinen Versuch aber wegen des Kriegsausbruchs abbrechen.[23] Seine Tuschfederzeichnungen vermitteln einen ethnographisch sehr genauen Eindruck, der der Leichtigkeit entspricht, mit der Pechstein sich auf Palau einlebte. Er ist zwar weniger an den Schwierigkeiten der ethnographischen Erfahrung gewachsen als Gauguin, aber seine Kunst stand von vornherein in einem genauen Verhältnis zu der Kunst Palaus. 1905 hatten die »Brücke«-Maler im ethnographischen Museum die Palau-Balken entdeckt und den eckigen, bewegten Stil der eingeschnitzten Figuren für ihre eigenen Arbeiten eingesetzt. Diese Entdeckung und die Erfahrung von Gemeinschaft, Nacktheit, Bewegung und Einheit von Mensch und Landschaft, die in den Bildern des Moritzburger Sommers zum Ausdruck kommt, haben Pechstein nach Palau geführt.[24] Die Gemeinschaftlichkeit, die Pechstein suchte, war dort wirklich zu finden;

Abb. 3 Max Pechstein, Palau 1914

sein Traum war leichter zu erfüllen als der Gauguins. So zeigen seine Bilder ein lockeres, kollektives Leben – Palau, europäisch gesehen, aber mit einem Blick, der über die Sensibilität zur ethnographischen Beobachtung verfügt. (Abb. 3)

Eine andere, komplexere Problematik bietet die Südseereise Emil Noldes.

Die deutsche Kunstgeschichte hat – ähnlich wie die deutsche Völkerkunde – häufig mit undifferenzierten Begriffen wie »magisch«, »mythisch«, »urtümlich« u.ä. operiert und »mythische« Momente in der europäischen Kunst bedenkenlos mit Denkformen, Wahrnehmungs- und Darstellungsweisen der Stammesgesellschaften gleichgesetzt. Da auch Noldes Selbstverständnis sich in diesem von der deutschen Romantik und Nietzsche vorgezeichneten Kreis bewegt, lag es nahe, Noldes melanesische Bilder unter dieser Optik zu sehen – obwohl Nolde nicht nur als Maler des Mythischen und Phantastischen gilt, sondern auch schnell und genau Sichtbares zu erfassen und festzuhalten wußte. Ein Blick auf seine Auseinandersetzung mit den »Wilden« zeigt, wie er schrittweise die ethnographische Erfahrung Melanesiens in imaginäre Ethnographie zurückverwandelt hat. Erfahrung und Phantasie, die in Gauguins Bildern sich durchdringen, sind bei Nolde in eine zeitliche Folge auseinandergelegt.

Im Winter 1911/12 hatte Nolde sich mit der Kunst der Stammesgesellschaften und Hochkulturen beschäftigt. Er zeichnete im Berliner Museum für Völkerkunde eine Reihe von Objekten und plante die Herausgabe eines Buches *Kunstäußerungen der Naturvölker.* In der Geschichte des ethnographischen Museums war nach dem Vorgang der Dresdener und Pariser Künstler das signifikant Neue daran, daß die Sammlungen weder wie Kuriositäten noch als Gegenstand eines abstrakt-wissenschaftlichen Interesses betrachtet wurden: Sie sollten Impulsen, die in der europäischen Kunsttradition selbst aufgekommen waren, Orientierung und Bestätigung geben. Dabei ging es Nolde zunächst darum, die Sammlungsgegenstände dem usurpatorischen Zugriff der Wissenschaft zu entreißen, ihnen als *Kunst* Anerkennung zu verschaffen.[25] Die klassische und klassizistische Kunst Europas wirkte jetzt »süß«, »gefällig« und »dekadent«; die Kunst der Naturvölker erschien als die Tradition, die den Bruch mit der europäischen Tradition legitimieren konnte. Aber Nolde verwahrt sich dabei gegen den Synkretismus: Jeder soll seiner Kunst den Stempel seiner »Rasse« geben; ein Deutscher schaffe »deutsche Kunst«. Deshalb polemisiert er gegen die Aneignung exotischer Stilmittel als »seichtes Gemisch« und

»platte Kulturenvermanschung«. »Mit demMaterial in der Hand« habe er selbst in der Südsee »heimatlich nordisch deutsch« gebildet.[26] Nolde ist jedoch als Maler seiner eigenen Propaganda nicht erlegen. Eigentlich besagt sein Argument: Jede Kultur, jede »Rasse« soll ihre Identität bewahren. Gerade an den melanesischen Bildern Noldes zeigt sich, wie wenig er sich an seine Forderung gehalten hat, auch wenn ihm selbst sein geheimer Frontenwechsel nicht bewußt wurde.[27]
1913/14 nahm Nolde als Ethnograph an einer medizinisch-demographischen Expedition des Reichskolonialamts nach Neuguinea teil. In etwa einem halben Jahr lernte er die Gazellehalbinsel kennen, die Nordspitze von Neuirland, Manus und Teile der Nordostküste der Hauptinsel.[28] Er war nicht an einem paradiesischen Leben unter den »Wilden« interessiert; er wollte von der Zivilisation unberührte »Urnatur« und »Urvölker« sehen und im Bild festhalten, bevor sie, wie er dachte, für immer verschwinden würden. Nolde hat sich aber auch nicht um ethnographische Genauigkeit im Sinne der Photographie bemüht, sondern einzig um die Genauigkeit des Ausdrucks – und in diese Hinsicht sind seine melanesischen Bilder jeder Photographie weit überlegen. Dabei besteht ein grundlegender Unterschied zwischen den Farbstiftskizzen und den Aquarellen. Die Farbstiftskizzen zeigen das friedliche, stille, weltabgeschiedene Neuguinea, das man bis heute unverändert finden kann. Diese Skizzen sind unvergleichlich allgemeiner und genauer als Photographien. Umso rätselhafter ist, daß die Aquarelle Melanesier zeigen,

Abb. 4 Emil Nolde, Neuguinea 1914

Abb. 5 Emil Nolde, Neuguinea 1914

die zwar in ihrer Physiognomie unverkennbar sind, deren Gesichtsausdruck aber jedem, der die von Nolde porträtierten ethnischen Gruppen kennt, fast unbekannt erscheint.[29] Nach Haftmann drückt sich in den Gesichtern von Noldes Melanesiern Wildheit« und »Angst« aus.[30]

Besser könnte man vielleicht von Mißtrauen, gespannter Wachsamkeit, abweisendem Stolz, Haß und manchmal von Trauer sprechen – Affekte, die für melanesische Stammesgesellschaften nicht gerade charakteristisch sind. (Abb. 4 und 5)

Wichtige Hinweise zur Aufhellung des Wahrheitsgehalts dieser Aquarelle finden sich in Noldes Reisebericht. Noldes leidenschaftliche Besitzergreifung von der Wirklichkeit im Optischen verband sich überall mit einer Verweigerung der sozialen Teilnahme. So schreibt er über seine Arbeit in Melanesien nicht anders als über die im Berlin von 1913: »Im Gewühl und mitten dazwischen arbeitend, fühlte ich mich zuweilen wie geistig in allem mitschwimmend, aber doch immer wie darüberstehend.«[31] In Neuguinea nahm diese Verbindung von Identifikation und Distanz groteske Formen an. So malte er einmal auf dem Schiff zu Zwangsarbeit rekrutierte »Eingeborene«, durch eine Lattentür spähend, und schreibt darüber: »Wenn ein Auge von ihnen aus einer Ecke mich traf, war es unheimlich, und wenn sie einen vollends anschauten, war es so wild und gehässig, wie schwarze Panther oder Leoparden schauen. Sie waren gefangen. Sie waren gereizt. Direkt aus dem Busch, dem Urwald kamen sie.«[32] Der Maler wagt sich mitten unter die Wilden, sie bedrohen ihn mit Bambusdolch und Küchenbeil, aber er zeichnet weiter »als ob nichts gewesen sei«. Bezeichnend ist auch, wie Nolde seinen Modellen klarmachte, was er von ihnen wollte: Er zeigte dann ein Bild des Kaisers und sagte: »Dieser big fellow Kaiser will sehen, wie ihr ausseht und deshalb werdet ihr abgemalt.« Auf Manus hatte er zum Malen einen Revolver zur Hand, während seine Frau ihm den Rücken deckte.[33] Selbst wenn man einen Teil dieser grotesken und politisch wie ethnographisch katastrophalen Geschichten auf Noldes peinlich naive Erzählkunst zurückführt, kennzeichnen sie doch die feindliche Spannung, von der er sich »stärkere Resultate« versprach als von »gemächlichem, gemütlichem Arbeiten«.[34] In solchen gespannten Situationen sind die Aquarelle entstanden, nicht aber die Farbstiftskizzen.

In dieser Konstellation konnte Nolde nicht das mindeste verbalisierbare Verständnis aufbringen; es kann aber nicht bestritten werden, daß seine Bilder eine einzigartige *optische* Analyse der Melanesier bieten.[35] Zur Distanz tritt die Identifikation des Malers mit dem Modell. In gewisser Weise war dies Nolde auch bewußt: »Die Urmenschen leben in ihrer Natur, sind eins mit ihr und ein Teil vom ganzen All. Ich habe zuweilen das Gefühl, als ob nur sie noch wirkliche Menschen sind, wir aber etwas wie verbildete Gliederpuppen«, schreibt er noch aus Kavieng – und es versteht sich, daß der Künstler sich nicht zu den »Gliederpuppen« rechnet.[36] Aber die Gemeinsamkeit, die Nolde zwischen sich und den »Urvölkern« entdeckte, lag nicht in einer »urwesenhaften« Verwandtschaft. Nolde war fest davon überzeugt, daß die »Urvölker« zugrunde gehen würden, aus Finschhafen aber berichtet er beiläufig: »Die Eingeborenen (...) erwarteten, daß alle Weißen am Fieber sterben würden.«[37] In diesem Gebiet gab es bereits 1914 nativistische Bewegungen, Kulte, die das Verschwinden der Weißen und die Rückkehr einer ursprünglichen Gerechtigkeit erwarteten. Nolde hat das unbekannte Neuguinea nicht gesehen, nur die vom Kolonialismus deformierten Gebiete. Nolde sah weder Melanesier im Stammesverband noch in einem primitivistisch verstandenen »mythischen« Urzustand, sondern Neuguinea 1914, in Konfrontation mit dem Kolonialismus, chiliastisch erregt und zum Aufstand bereit. Der gespannte Blick, der den Betrachter der Aquarelle trifft, gilt dem Weißen.

Nur aus der Gespanntheit des Augenblicks konnte Nolde das nativistische Moment Melanesiens erfassen und im Bild festhalten. Wenn er später »Primitive« aus der Erinnerung malt, so bleiben sie dem Kreis der imaginären Ethnographie verhaftet. Schon 1915 entstehen Bilder wie *Neu-Guinea-Frauen, Familie* und *Neu-Guinea-Wilde.*[38] Im letzteren glaubt Haftmann den »dichterischen Erlebniskern« der Reise in geläuterter Form entdecken zu können: »Eindrücklich tritt aus dem Bild das Panische einer uralten Natur, der diese drei Menschen zugehören und die uns aus ihren Gesichtern so bannend anblickt.«[39] Die drei Gesichter sind monoton aufgereiht, so daß man sich ihre Reihe über den Bildrand hinaus verlängert denken kann. Physiognomisch sind sie als Melanesier erkennbar, wahrscheinlich gehen sie auf Studien aus Neuguinea zurück. Sie sind in ein blaues, ins Grüne übergehende Dunkel gestellt, Flammen scheinen in ihrem Schmuck und im Weiß der Augen wider. Dem einen sträuben sich auf sehr unmelanesische Weise die Haare. Was immer der künstlerische Wert des Bildes sein mag, ethnographisch ist es peinlich, eine alberne Diffamierung. Hier kommt nicht ein Erlebniskern zur Darstellung, sondern ein verbreitetes Vorurteil, vermischt mit einer naiven Gespensterphantasie. Wie Nolde in seinem erst 1936 geschriebenen Erinnerungsbuch Neuguinea nicht so dargestellt hat, wie er es gesehen hatte – seine Bilder belegen das –, sondern so, wie sein Publikum es sich vorstellte, so rechnet auch dies Bild auf die primitivistische Imagination. Nolde hat es in einem Brief selbst zu seinen »Legendenbildern« gerechnet.[40] In dem Bild *Familie* ist noch etwas von tropischem Licht erkennbar, Mutter und Kind gehen auf

Abb. 6 Emil Nolde, Deutschland 1917

eine Zeichnung aus Neuguinea zurück, doch der Mann ist einer gekonnten, nun aber keineswegs naiven Phantasie entsprungen: Ein wilder, aber gutmütiger Kannibale, der überdeutlich zum Ausdruck bringt, was die Europäer meinten, wenn sie vom »Wilden« sprachen – ein ungezähmtes Tier in Menschengestalt.

Die Holzschnitte von 1917 zitieren noch einmal Momente der Südseebilder. In der *Familie* sind Mutter und Kind noch aus einem Aquarell von 1914 bekannt, der Mann ist zwischen die beiden geschoben. Alle physiognomischen Merkmale sind verschwunden, Kopf und Oberkörper wecken eher afrikanische Reminiszenzen. Aus den Melanesiern sind nun durch Vereinfachung und expressionistische Übersteigerung des Ausdrucks Wilde im allgemeinen geworden, d.h. aber: verkehrte Europäer des Jahres 1917. (Abb. 6)

Der Primitivismus und die Stammesvölker

Gehlen hat den Versuch unternommen, den Aufbruch der modernen Kunst und besonders den deutschen Expressionismus auf den Begriff des »Neu-Primitivismus« zu bringen.[41] Seine Analyse scheint plausibel, auch für den, der Gehlens Wertabschätzung nicht teilen mag. Der Bruch mit dem Akademismus, der die Tradition der abendländischen Kunst enthielt, hatte die Form eines Rückgriffs auf etwas Elementares, das anthropologisch als »archaisch« und »mythisch« interpretiert wurde. Daß aus diesem Rückgriff aber keineswegs eine uneuropäische Kunst entstand, erklärt sich daraus, daß »Bruch mit der Tradition« bedeutet, daß man sich negativ auf sie bezieht: zugleich kommt darin zum Ausdruck, daß die »Natur«, die der Primitivismus zur Geltung bringt, nur die Natur der Industriegesellschaft sein kann: Sie sollte das enthalten, was die Gesellschaft dem Individuum versagt. Deshalb ist auch unwahrscheinlich, daß die Erwartungen des Primitivismus von den Stammesgesellschaften eingelöst werden. *Diese sind im Sinne des Primitivismus nicht primitiv.* Aber der europäische Primitivismus der Jahrhundertwende brachte eine neue *Wertschätzung* der Stammesgesellschaft, ein existentielles Interesse, das für das ethnographische Verständnis nicht ohne Bedeutung war. Ohne den symbolistischen Traum hätte sich Gauguin kaum auf seine Weise für Tahiti interessiert: ohne die Hoffnung auf Gemeinschaftlichkeit hätte Pechstein nicht über die Sensibilität verfügt, die ihm Palau erschloß; ohne die Fiktion, »Urvölker« vor sich zu haben, hätte Nolde die Wand kolonialistischer Vorurteile nicht durchbrochen. Dabei bleibt allerdings offen, ob der moderne Primitivismus ein neues System von Mißverständnissen geschaffen hat, deren Aufdeckung noch bevorsteht.

Der Traum, aus dem das ethnographische Museum des 19. Jahrhunderts entstand, hat durch die Kunst der Moderne eine unerwartete Gestalt angenommen: Die Versammlung von Objekten aus allen Ländern und Zeiten ist nicht ohne lebenspraktische und künstlerische Wirkung geblieben. Das Museum wurde zum Ausgang und zum privilegierten Schauplatz eines nahezu globalen Synkretismus. Das 19. Jahrhundert hatte neben der griechischen Kunst bereits die ägyptische nachgeahmt, die japanische, orientalische und indische. Demgegenüber glaubten die Expressionisten und Kubisten die Kunst der Stammesvölker in ihrem Prinzip zu ergreifen, ihre Formen, nicht mehr die exotischen Motive, zur Bestätigung ihrer formalen und expressiven Intentionen anführen zu können. Der motivische Primitivismus – erstes Menschenpaar, Kopfjagd (Judith, Salome) – war mit der Tradition diskreditiert worden, die Expressionisten entdeckten stattdessen die »Bedeutungsproportion« für sich selbst *und* in der Stammeskunst, die Kubisten die Rhythmik abstrakter Elemente, ebenfalls für sich selbst *und* in der afrikanischen Plastik. Dabei wurde aber auch kopiert, und oft läßt sich kaum

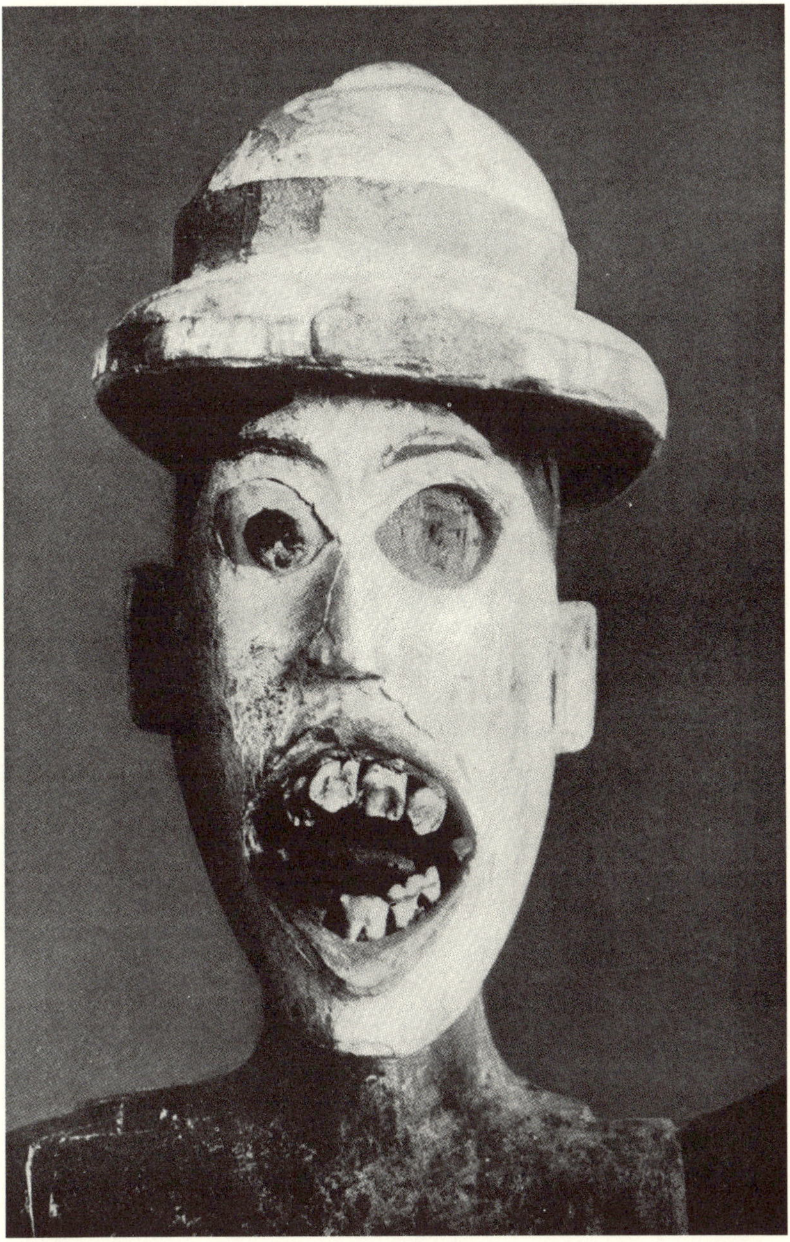

Abb. 7 Der Engländer, Schreckfigur der Nikobaren

entscheiden, ob die Differenz zwischen Kopie und Original einem eigenen Impuls entstammt oder einem spezifischen Mißverständnis. Dem allgemeinen Zug des europäischen Primitivismus folgend haben die europäischen Maler die Südseeinseln als verwirklichte Utopien idealisiert; die synkretistische Kunst der Moderne hat in der afrikanischen und melanesischen Kunst eine vorbildliche Verwirklichung ihrer eigenen Intentionen sehen wollen. Vielleicht kann man in dieser Perspektive selbst noch die Vorurteile der Kolonialisten als Ablehnung der primitivistischen Utopie verstehen: Ethnozentrisch wenden sie sich gegen gesellschaftliche Verhältnisse, die von den ihren verschieden sind. Die europäische Kunst gleicht den »Wilden« ihrer eigenen Utopie auch da noch an, wo sie deformiert: Die Utopie, positiv oder negativ verstanden, erscheint als Kehrseite und als Ausdruck des kolonialen Herrschaftsverhältnisses, das eine Solidarität zwischen der kolonialen und der kolonialisierten Kultur ausschließt.

Der Wilde schlägt zurück. Seine Kunst hat nicht den erstaunlichen Mangel an physiognomischer Phantasie, der die europäische Kunst auszeichnet. Während das europäische Bildnis sich seit der Renaissance an die anatomisch und organisch verstandene Natur hält, sein Ausdrucksvermögen auf einen kulturell und psychologisch bestimmten Kreis beschränkt ist, verdankt sich die Ausdruckskraft der »primitiven« Maske der überprägnanten Herausbildung genau beobachteter physiognomischer Züge – eine Beobachtung, die sich nicht einschüchtern läßt. Die europäische Kunst war unfähig, die Menschen anderer Rassen und Kulturen darzustellen, ohne sie auf den engen Kreis ihrer Ideale zu beziehen. Wenn aber die Stammeskunst beginnt, das Bild des Europäers zu entwerfen, so verfügt sie über eine scharfe Beobachtung und über die Mittel, die Physiognomie des Europäers ins Bild zu setzen: Sie läßt sich nicht von der Utopie leiten, sie ist Satire. (Abb. 7)

IV. Entdeckung der Europäer

Die umgekehrte Entdeckung

Die Reisebeschreibungen und Ethnographien des 19. Jahrhunderts enthalten Momente einer naiven Metaphysik, die in mancher Hinsicht die Phantasien fortsetzt, mit denen das christliche Europa sich Himmel und Hölle ausgemalt hatte, bevor die Physik den Schein eines geschlossenen Horizonts zerstörte und die Aufklärung die Feld- und Poltergeister aus der neuen Welt der Vernunft vertrieb. Die Ethnographie konnte die Bilder liefern, nach deren Anschauung ein elementares Bedürfnis bestand, das in der radikal vernünftigen Kultur Europas seine Befriedigung sonst nur in den eingestandenermaßen fiktiven Welten der Romanliteratur oder der Kunst suchte. Dabei wurde das Bild einer anderen, wirklichen Gesellschaft mit mythologischen Vorstellungen zu einem einheitlichen Bild einer fremden, in sich abgeschlossenen Welt verbunden. Diese Welt erschien fremd, weil sie eigentlich ein verstelltes, verfremdetes Selbstbild der europäischen Kultur war.

Die Vermischung von Ethnographie und Metaphysik findet sich auch in den Kulturen, die das 19. Jahrhundert nur als stumme Zeugen archaischer Urzeiten gelten ließ. Der privilegierte Gegenstand der Ethnographien der Stammesgesellschaften ist die europäische Kolonialherrschaft. Europäer können deshalb spiegelbildlich darin erkennen, was es heißt, Objekt einer Ethnographie zu sein. Diese Umkehrung der ethnozentrischen Betrachtung soll hier die Perspektive kennzeichnen, in der die Darstellung des Fremden in der Kultur des 19. Jahrhunderts sich als ethnozentrisch erweist.

Lichtenbergs »kopernikanische« Bemerkung, daß »der Amerikaner, der den Kolumbus zuerst entdeckte, eine böse Entdeckung machte«, ist wohl nur scherzhaft gemeint, sie zeigt aber, daß der Begriff der Entdeckung auf Völker bezogen ethnozentrisch ist und daß man ihn umkehren kann. In den europäischen Sprachen ist der Begriff der Entdeckung einseitig festgelegt. So sagen etwa die im Hochland von Neuguinea lebenden Huli, die in Missionsschulen Englisch gelernt haben, daß sie »zu spät entdeckt wurden«. In ihrer eigenen Sprache stellen sie die Entdeckung der Europäer aus einer anderen, aus *ihrer* Perspektive dar. Nach der folgenden Geschichte ist die Entdeckung der Weißen nichts anderes als ihre Rückkehr auf die Erde. In der symbolischen Darstellungsweise des Mythos wird dadurch zugleich der Wunsch nach einem brüderlichen Verhältnis zwischen Braunen und Weißen zum Ausdruck gebracht:

Als der Erdboden entstand, gab es einen schwarzen Mann, Mindipi. Es gab einen zweiten Mann, Honepi, d.h. Weißhaut. Es gab einen dritten, Honetingite, d.h. Braunhaut. Sie redeten. Sie stritten. Sie wurden zornig. Sie trennten sich. Zwei von ihnen gingen fort, sage ich. Einer blieb bei sich selbst. Zwei gingen fort. Sie gingen auf den Berg Tongopipi. Sie kletterten hinauf. Auf der Spitze töteten sie ein Schwein. Sie aßen es. Dann stiegen sie in den Himmel. Jetzt sind sie im Himmel. Die zwei Brüder sagen: wir wollen den dritten holen. Dann donnert es, so sagen wir jetzt. Die zwei sind in den Himmel gegangen, um zu streiten, um zu kämpfen. Jetzt sind sie im Himmel. Sie reden. Sie streiten. Der auf der Erde geblieben ist: er hat uns gezeugt.[1]

Die Huli hatten wenig Gelegenheit, die Europäer kennenzulernen. Im Gegensatz zu ihnen erzählen die Amerikaner, die die Europäer seit dem 16. Jahrhundert kennen, eine unheilvolle Geschichte von ihrer Entdekkung. Um Lichtenbergs Scherz beim Wort zu nehmen, berichte ich von der Entdeckung der Spanier bei den Cuna in Panama. Daß ich dies Beispiel wähle, hat einen persönlichen Grund: Ich habe mich mit der Sprache und dem Denken der Cuna vertraut gemacht. Wie gezeigt wurde, neigen die Ethnographen dazu, das Volk, mit dem sie sich beschäftigt haben, als *ihr Volk* zu betrachten, und wenn sie es in einem allgemeinen Gedankengang zitieren, so hat es nur scheinbar den Stellenwert eines beliebig austauschbaren Beispiels. Ich möchte eine Umkehrung, nicht eine kulturrelativistische Auflösung des Ethnozentrismus demonstrieren. Deshalb ziehe ich kein Vergleichsmaterial von anderen Völkern heran und stelle keine allgemeinen Hypothesen über die Europäer im Weltbild »der Primitiven« auf.

Ankunft der Europäer

Die ersten Spanier kamen im 16. Jahrhundert zu den Cuna. Diese haben die Geschichte ihrer Entdeckung in ihrer mythisch-historischen Überlieferung, dem Tatkan ikala, d.h. »Weg der Vorfahren«, aufbewahrt und interpretiert. Der Vortrag des Tatkan ikala ist ein fester Bestandteil jeder politischen Versammlung, in der jeweils die Teile hervorgehoben werden, die sich am besten auf die zur Entscheidung stehende Situation beziehen lassen. Es ist also vor allem eine Quelle politischer Rhetorik.

1925 gelang es den Cuna, die Polizeitruppen Panamas vorübergehend aus ihrem Land zu vertreiben, und zur Rechtfertigung dieses Aufstandes hat ihr bedeutendster Sprecher, Nele de Kantule, eine Version des Tatkan ikala[2] von jungen Cuna ins Spanische und Englische übersetzen lassen, in der die Ereignisse der Entdeckung folgendermaßen dargestellt werden:

Als die Spanier in das Land kamen, sagten einige, sie seien vom Himmel herabgestiegen, aber die *nele*, die Seher oder »Schamanen« wußten, daß sie aus einem anderen Land gekommen waren. Sie weigerten sich, mit den Fremden zu sprechen, und einige zogen sich ins Innere des Landes zurück, weil sie ihren Anblick haßten. Ein Spanier besuchte Nele Ikwap und fragte ihn, wo Gott lebt. »Und Ikwap antwortete ihm: Er ist im Himmel. Dann fragte der Spanier: Ist auch die Sonne ein Gott? Der Nele antwortete: Ja, auch sie ist mein Gott. Als der Spanier fragte, was die Erde sei, sagte der Nele, auch sie sei sein Gott. (...) Weiter fragte der Spanier: Woher kommt der Regen, der auf die Erde fällt? Nele Ikwap antwortete ihm: (...) Gott schuf den Regen aus einer Nabelschnur. Als du aus dem Schoß deiner Mutter kamst, kamst du da nicht mit einer Nabelschnur heraus? Weiter fragte der Spanier: Wer schuf die Erde? Und Ikwap antwortete: Gott machte diese Erde für uns. Er nahm die besten Teile seiner Seelen und bildete die Erde daraus. Zuerst nahm er sein Herz, dann seine Leber, dann seinen Bauch usw., und aus all dem bildete er die Erde. Die Konsistenz der Erde nahm immer weiter ab, bis sie zusammenbrach, und dann stieg eine Menge von Dämpfen in verschiedenen Farben vom Himmel zur Erde herab. Diese Dämpfe bewegten sich um und um, bildeten kleine Klumpen und vermischten sich am Ende. Daraufhin pflanzte Gott Bäume von besonderer Härte in den Boden, und diese Bäume wurden von einem schrecklichen Sturm umgeblasen. (...) Das ist es, was ich von der Bildung der Welt weiß.«[3]

Es scheint, daß in dieser Geschichte das Verhältnis zwischen Missionaren und Indianern umgekehrt ist. Aber ein früher Missionar, Adrian de Santo Tomás, hat die religiösen Vorstellungen der Cuna tatsächlich zu Anfang des 17. Jahrhunderts erforscht. Er fand in ihnen eine diabolische Verwirrung, die er sich damit erklärte, daß die Indianer »voneinander getrennt leben, ohne Kommunikation und Polizei«.[4] In der Erinnerung der Cuna verhält sich der Missionar wie sein Gegenspieler, der Ethnograph. In jedem Fall irrte sich Ikwap jedoch, wenn auch auf eine allerdings naheliegende Weise: Was wohl eine Art von Inquisition war, hielt er für eine ernst gemeinte Frage nach dem Aufbau der Welt. Die

Arroganz des Europäers, der fragt, aber keine Antwort hören, sondern richten will, hatte Ikwap nicht durchschaut.
Die praktischen Interessen der Spanier waren jedoch nicht zu übersehen, und deshalb fuhr Ikwap nach der Überlieferung im Tatkan ikala fort: »Bevor du hierherkamst, wußte ich von deinem Volk, das in einem anderen Land lebt, aber es ist mir nie in den Sinn gekommen, dorthin zu gehen und dir dein Land wegzunehmen. (...) Es liegt an dem Dämon, den du in deinem Herzen trägst, daß du hierher gekommen bist, um mich zu betrügen. Gott sendet Dämonen auf die Erde wie einen Regenguß. Diese Dämonen sind in deinen Körper gelangt und haben dein Herz verdorben. (...) Dein Volk ist in mein Land gekommen, um es zu stehlen, um meine wunderbaren Dinge zu stehlen.«[5]
Aus der Zeit, in der die Spanier Teile von Darien besetzten, die Indianer versklavten und zur Arbeit in den Goldminen zwangen, bewahrt das Tatkan ikala eine Reihe von Erinnerungen, die den Kolonialismus als spezifische Verbindung von Gewalt und sexueller Perversion kennzeichnen: »Die Spanier (...) schnitten unseren Stammesbrüdern die Finger ab (...). Sie schlitzten ihre Bäuche auf. Sie schlitzten den Bauch einer alten Frau auf, und dann töteten sie eins ihrer Kinder und legten es in die offene Wunde. Dann gingen sie dazu über, Leute im ganzen Land zu schlachten. (...) Sie schlossen Nele Tikunap mit einem Pferd ein. Am Morgen fragten sie ihn, ob er das Pferd als Frau gebraucht hätte. Aber er sagte nein, und die Spanier schlugen ihn. Sie wollten, daß unsere Leute Pferde als Frauen gebrauchen, und wenn einer sagte, daß er es getan hätte, verspotteten sie ihn. (...) Sie nahmen einen Mann und eine Frau und nagelten sie mit den Füßen an den Boden, zwangen sie, sich nackt gegenüber zu sitzen und sich anzuschauen. Wenn einer den Blick abwandte, schlugen sie ihn mit der Peitsche: So zwangen sie sie, beständig ihre Geheimnisse zu betrachten«.[6] – Auch Las Casas hat die Gewalttätigkeit der Europäer angeklagt, und obwohl die genannten Bilder den spezifischen Ängsten der Cuna entsprechen, besteht kein Grund, dieser Überlieferung zu mißtrauen. Sie zeigt jedenfalls, daß die Cuna nicht dem Wahn der Europäer entsprechen, die Indianer hätten sie für »Götter« gehalten, sondern selbst die Vorstellungen hegen, welche die Europäer sich von Kannibalen und Kopfjägern gemacht haben.

Welt und Abbild

Im Denken der Cuna verbindet sich die europäische Zivilisation gelegentlich mit dem Land der Toten, Vorstellungen, die der ethnographischen Sphäre angehören, werden in die Metaphysik übernommen, die umgekehrt das Modell liefert, nach dem das Fremde interpretiert wird. Um diesen Prozeß verständlich zu machen, ist es notwendig, zunächst die Grundzüge des Weltbildes der Cuna zu skizzieren und den Gebrauch, den sie davon machen, zu erläutern.[7] Zur Verdeutlichung verwende ich dabei Begriffe, die auch in der europäischen Philosophie vorkommen.

Cuna nehmen an jedem Ding eine Kraft wahr, die sie *e purpa,* seinen Schatten, sein Bild oder seine Verdoppelung, nennen. *kuna,* die Mitte der Welt, oder die selbstverständliche Welt ist in sich verdoppelt: eine sichtbare und eine unsichtbare Welt, die sich gegenseitig enthalten. Durch sein *purpa* hat jedes Ding an der Gattung teil, nach der es benannt wird. Jede Gattung von Tieren, Pflanzen und anderen Dingen hat einen *saila,* ein »Haupt«. *saila* bezeichnet den Ursprung der Gattung, die Geburt ihres ersten Exemplars. Cuna nennen den Ursprung eines Dings auch *e purpa,* sein Bild, oder vielleicht genauer: sein Urbild. In diesem Fall übersetzen sie selbst *purpa* auch als *secreto,* Geheimnis. Das Geheimnis eines Dings kennen nur wenige, man spricht davon auf verhüllte Weise. *purpa* bezeichnet darum auch die geheime Bedeutung eines Ausdrucks.

Außerhalb von *kuna,* der bekannten Welt, liegen andere Welten, *nekapilli,* d.h. die Schichten der Welt, deren Gesamtheit *neka,* den Raum, bildet: acht Welten liegen unter der Erde – unter diesen liegt eine weitere, aber gänzlich unbekannte Welt – und acht andere Welten bilden den Himmel. Auch das Innere des menschlichen Körpers ist eine fremde Welt und den anderen sehr ähnlich. Alle diese fremden Welten sind Welten des Scheins – teils in dem Sinn, daß sie nur aus unwirklichen Bildern, aus Schatten bestehen, teils in dem Sinn, daß sie in einem Glanz erstrahlen, den es auf der Erde nicht gibt. Sie werden von verschiedenen Wesen bewohnt: den *muukan,* welche die Ungeborenen bilden, den Toten, den *purpa* der irdischen Dinge, den *poni* und *nia,* tier- bzw. menschenähnlichen Dämonen, auf die man die meisten Krankheiten zurückführt.

Der Mensch, *tule,* der im Gegensatz zu den Tieren auch *innatonaipe,* der Herr des Maisbiers, genannt wird, besitzt eine unsichtbare Verdoppelung, die sich aus einer Vielzahl von *purpa,* den Kräften seiner Organe, zusammensetzt. Außerdem besitzt er wie die Tiere, aber im Gegensatz zu den Pflanzen, *nika,* Mut oder Lebenskraft, die ihn wie eine Aura umgibt. Wiederum verschieden von *purpa* und *nika* ist *kurkin,* das Hirn oder die Intelligenz.

Die gegenwärtige Vorstellung der Cuna von Gott, *tiolele,* ist möglicherweise eine Umformung der älteren Vorstellung von *ipelele,* der Sonne, deren Attribute dann unter christlichem Einfluß zum Teil zu einem unsichtbaren Gott verselbständigt und um das Attribut der Gerechtigkeit erweitert wären. Aber selbst *tiolele* wird nicht als ein Schöpfergott dargestellt, sondern als Gatte der ursprünglichen Mutter, die alle Urbilder geboren hat. Darüber gibt die Deutung des folgenden Textes Aufschluß: »Gott baute ein Haus mit acht Stockwerken und in die Mitte stellte er Tische in verschiedenen Farben, mit gespreizten Beinen. Auf den Tisch legte er ein weißes Tuch und darauf ein anderes, dünneres weißes Tuch und auf dieses stellte er Schalen. Nana Olotililisop saß darauf, ihr Gesicht nach Osten gerichtet.« Sie sieht *purpa* in verschiedenen Farben und gebiert nacheinander die Dinge der Welt. Die Cuna deuten das *purpa*, das Geheimnis dieser Geschichte folgendermaßen: Gott bildete den menschlichen Körper in acht Welten, in seiner Mitte die Vulva und auf ihr eine Haut. Das Aufstellen der Schalen bezeichnet den Koitus, das Sehen der *purpa* Menstruation.[8] – Eine andere Geschichte, die aber wahrscheinlich die gleiche Bedeutung hat, wird von Ipelele, dem Sonnengott erzählt: Ipelele sah eine betrunkene Frau mit einem Fisch. Sie sang von einem Salzbaum, *paluwala.* Ipelele gelang es, den Baum zu fällen, und aus seiner Krone kamen alle Dinge auf die Erde. In der Interpretation der Cuna bedeutet *paluwala:* »unsere Großmutter Leben oder unser Land, in dem wir jetzt leben. Wir sprechen davon nur in geheimen Worten.«[9] Das *purpa* der Überlieferung, ihre geheime Bedeutung, ist der Ursprung der Dinge, die Herkunft der Gattungen aus einem Geschlechtsverhältnis, über das nur in Symbolen gesprochen wird. Es muß betont werden, daß die Deutung dieser Symbole als Verhüllungen der Sexualität nicht eine europäische, wissenschaftliche Entdeckung ist, sondern von einem *kana,* einem Eingeweihten, selbst ausgesprochen wird und fester Bestandteil einer esoterischen Überlieferung ist.

Auf der Erde, auf der die Cuna aufrecht gehen, *ukkurmakke,* ist *purpa,* das Innere oder die Kraft, im Äußeren, dem sichtbaren Ding. Dieser Zustand der Identität bezeichnet die Harmonie des alltäglichen Lebens in der Gemeinschaft. Wenn ein Lebewesen stirbt, so wird es von seinem *purpa* verlassen, das *purpa* wandert in eine der entfernten anderen

Welten. Epidemische Krankheiten werden als ein Angriff entfesselter *poni* aus einer anderen Welt gedeutet, Krankheiten, die keine mechanische Ursache erkennen lassen, als Entführung einer *purpa* des Körpers. In diesen Fällen, in denen die Harmonie der Gemeinschaft durch eine Entzweiung von Ding und Kraft gestört ist, werden die *purpa* anderer Dinge aufgefordert, ebenfalls die Erde zu verlassen, um den Kampf mit den *poni* aufzunehmen. Dies erfordert eine magische Beeinflussung durch das Wort: Das *purpa* wird »ermahnt«, indem es an seinen Ursprung erinnert wird. Die magischen Formeln werden dabei oft nicht ausgesprochen, sondern nur gedacht, so daß man sagen kann: Um die gestörte Einheit wiederherzustellen, erinnern die Cuna sich an das »Geheimnis«, *purpa*, der Dinge, d.h. an die Entstehung der Gattungen aus Zeugung und Geburt. Dadurch werden die Kräfte von medizinischen Mitteln, etwa von Pflanzen, anthropomorphisiert und in Aktion gesetzt. Die Wirkung einer Kraft ist die Übertragung des *purpa* eines Dings auf ein anderes Ding.
Die Dichtungen der Cuna, *ikala*, schildern die Ablösung und Vermenschlichung eines *purpa*, seine Reise, *ikala*, in eine andere Welt, in das Innere der Erde oder des Menschen. Einige glauben an die Realität dieser Reise, andere halten sie für fiktiv. Entscheidend ist aber, daß die Dichtung ihren symbolischen Bildern eine Macht verleiht, durch welche sie wirksam in das Leben des Individuums und der Gemeinschaft eingreifen.

Unterweltreise und Psychoanalyse

Die imaginäre Welt der *purpa* und ihre Beziehung zur Welt der Lebenden wird in den Erzählungen der Cuna, den *ikala*, mit großer Anschaulichkeit vergegenwärtigt. Die *ikala* sind lange Versepen, die in bestimmten Situationen rezitiert werden. Lévi-Strauss hat sie durch einen Aufsatz über »die Wirksamkeit der Symbole« [10] in die anthropologische Diskussion eingebracht. Lévi-Strauss vergleicht darin den Schamanen mit dem Psychoanalytiker: Der Schamane suggeriert dem Patienten einen kollektiven Mythos, mit dem dieser sich identifiziert, so daß seine Konflikte symbolisch dargestellt und gelöst werden; der Psychoanalytiker dagegen läßt den Patienten selbst den Mythos produzieren. – Diese Analyse stützt sich auf die Kenntnis eines einzigen, fragmentarisch überlieferten Textes, und da heute beinahe die gesamte Epik der Cuna bekannt ist, scheint eine Reihe von Korrekturen und Erweiterungen erforderlich.

Der epische Sänger der Cuna ist kein Schamane. Lévi-Strauss zögert selbst, ihn so zu nennen, verstrickt sich dabei aber in den eigentümlichen Illusionismus des epischen Textes.[11] Es gibt bei den Cuna verschiedene Arten von Spezialisten, gemäß der Zweige und Funktionen der Überlieferung, die eine Person beherrscht. Lévi-Strauss wendet sich besonders dem *nele,* dem Seher, zu, der in Visionen Verborgenes erfährt, und glaubt in ihm einen Schamanen sehen zu können, obwohl sein Verfahren keine Ekstase verlangt. Er übersieht dabei, daß es zwar bis heute *neles* gibt, daß aber gerade nicht sie es sind, welche die Texte rezitieren und die Therapie vornehmen. Man kann sich darüber täuschen, weil im Text *neles* agieren und der Unterschied zwischen dem Sänger und Zuhörer und den Personen des Epos fortwährend verwischt wird, da das Epos in Symbolen von der Situation spricht, in der es vorgetragen wird. Das Tatkan ikala, die historische Überlieferung der Cuna, hat das Bild des Schamanen, *naa nele,* bewahrt. Die Schamanen der Vergangenheit waren als Personen in die Unterwelt gegangen, die Menschen konnten ihren Kampf mit den *poni* selbst sehen, während heute der *kana,* wenn er das Epos vorträgt, »nur mit dem Geist singt«[12], d.h. er sendet *purpa,* Bilder, in die Unterwelt, um mit den *poni* zu kämpfen. Was früher wirklich war, wird heute als Geschichte erzählt. Cuna-Epik ist eine Sublimierung schamanischer Mimesis und Kinetik, sie hat symbolische Handlung in symbolische Dichtung übersetzt. Beim Vortrag des Epos sind bestimmte Gegenstände anwesend, Kakao, Pfeffer, Hölzer oder Steine, deren *purpa* die Kräfte sind, welche die Heilung bewirken. Sie sind die handelnden Personen im Text des Epos, die *neles,* deren Reise in eine fremde Welt beschrieben wird. Auf sie bezieht sich *ikala e purpa,* das »Geheimnis« des Epos, das der Sänger kennt, aber nur in Symbolen ausspricht.

Das *ikala* ist nicht, wie Lévi-Strauss erklärt, ein kollektiver Mythos, sondern ein Epos. Es führt nicht in eine mythische Zeit, sondern beschreibt eine Reise durch den Raum. Es wird überliefert, es kann aber auch – nach bestimmten poetischen Vorstellungen – erfunden werden. Es hat nicht nur therapeutische Funktionen, es beschreibt auch die Initiationsreise der Mädchen, die Reise der Toten und – im politischen Kontext – die Ereignisse der Vergangenheit. Der Anfang jedes Epos schildert ausführlich Situation und Absicht seines Vortrags. Die fortschreitende epische Handlung entwickelt Symbole, welche auf die gesellschaftliche, psychische oder physiologische Wirklichkeit verweisen. Wenn der Hörer die Welt des Epos mit seiner Welt identifiziert hat, läßt der *kana* die *purpa* sich von den Dingen lösen. Die epische

Handlung bleibt der sozialen Realität analog. Am Ende ist die Identität wiederhergestellt, die *purpa* sind in ihre Körper zurückgekehrt, die Erzählung mündet in die Beschreibung ihrer eigenen Gegenwart.
Das *muu ikala* dient der Vorbereitung, Einstimmung oder Erleichterung einer ungewöhnlich komplizierten Geburt. Die handelnden Personen sind die *nelekan,* die anthropomorphisierten Kräfte der *nuchu,* die unter der Hängematte der Patientin aufgestellt werden. Die *nuchu* sind Holzplastiken, welche Europäer darstellen; ihre *purpa* dringen in den Unterleib der Gebärenden ein, in eine phantastische Landschaft voll glänzender Flüsse, Berge und Wälder, in der die *muukan,* die Frauen, die das *purpa* des Ungeborenen formen, ihr *kalu,* ihr Fort, haben, wo sie das *nika,* die Lebenskraft der Gebärenden gefangen halten. Diese wird von den *nuchu* befreit, die aus dem Uterus in die Hütte der Frau zurückkehren und diese nun selbst wie ein *kalu* gegen weitere Angriffe aus dem Jenseits verteidigen.[13]
Das *nia ikala* dient der Behandlung von Geisteskrankheiten. Hier tauchen die *nuchu* unter die Oberfläche des Meeres, das von Stürmen aufgewühlt ist, die sich unter der Betrachtung des Erzählers legen. Die Seele des Patienten ist von einer fremden Frau, einer *nia,* verführt und in ihren *kalu* am Grund des Meeres gelockt worden. Die *nuchu* lösen die Seele aus ihrer Verblendung, lassen sie die Häßlichkeit der *nia* erkennen und führen sie in die Wirklichkeit zurück.[14]
Die Symbolik des Epos übt eine Suggestion aus, der sich der Hörer, der an die Mächte der Unterwelt glaubt, kaum entziehen kann. Die poetische Form bringt das Wirkungspotential der Symbole zur Geltung. Durch einen komplexen Parallelismus werden analoge Gegenstände und Handlungen aufgereiht. Mit unerhörter Insistenz kreist die Erzählung um eine Sache, geht von ihr ab, greift sie wieder auf – und bildet sie so fast schmerzhaft der Phantasie des Hörers ein, bis die Symbole des Epos die Imagination beherrschen und ihre bedrohliche Vereinzelung aufheben. Das Epos schweift gleichsam in die fremdartige, jenseitige Welt nur ab, um die in ihre eigenen Phantasien und in Mutlosigkeit versunkene Seele des Hörers zu sich und zur Realität zurückzuführen. Das Epos zielt auf die Identität von Ding und Kraft, die *purpa* sollen in der diesseitigen Welt selbst sein. Das fremdartige, selbständige Jenseits, das die Epen schildern, ist eine unheimliche Welt, deren Darstellung auf die körperliche Welt verweist. So schildert das *nia ikala* die himmlische Geliebte der irdischen Seele nicht als Gegenstand des Strebens, sondern als Verirrung, es demaskiert die *nia* als häßliches Ungeheuer.
Lévi-Strauss sieht im Konzept der *purpa* den platonischen Begriff der

Idee[15], und am Ende seiner Untersuchung erklärt er die »schamanische« und die psychoanalytische Therapie gleichermaßen für eine Suche nach der »mythischen Zeit», für welche allerdings in der technischen Zivilisation kein Platz mehr sei, »es sei denn im Menschen selbst«.[16] Die Cuna haben zwar die Vorstellung von einer mythischen Zeit, aber diese ist nicht die Zeit des Epos, die Mythen werden am Anfang des Tatkan ikala erzählt, sie kommen in den therapeutischen Texten, die Lévi-Strauss meint, nicht vor; und obwohl *purpa* auch den Ursprung der Gattungen bezeichnet, ist die Welt der abgelösten *purpa,* die das Epos beschreibt, keineswegs eine Welt platonischer Ideen: der *ascensus, ikala,* dient nicht der Anschauung der reinen Idee, sondern der Auflösung einer Illusion. Lévi-Strauss legt nahe, daß die »mythische Zeit«, wie in manchen Richtungen der modernen Religionswissenschaft, als eine Zeit der Erlösung gedacht wird. Der epische Sänger ruft seinen Patienten zur Rückkehr in eine Stammesgemeinschaft auf, die als ganze von *äußeren* Mächten bedroht ist – im Gegensatz zu der modernen Gesellschaft, in die der Patient des Psychoanalytikers zurückkehren soll. Im Denken der Cuna ist das Jenseits nicht Gegenstand einer Sehnsucht. Ihre Einstellung ließe sich durch einen soziologischen Begriff beschreiben: den der Xenophobie.

Die wahre Welt

Ein Zusammenhang zwischen Jenseitsfurcht und Xenophobie wird sich zwar wohl kaum nachweisen lassen, aber die Jenseitsvorstellungen der Cuna entsprechen den Erfahrungen, die sie in ihrer Geschichte mit anderen Völkern gemacht haben, so wie der europäische Ethnozentrismus der kolonialen Herrschaft oder das romantische Fernweh der Entfremdung in der Gesellschaft entspricht. In ihrer ganzen uns bekannten Geschichte sind die Cuna Puristen gewesen, sie haben jede Vermischung mit Spaniern, Franzosen, Engländern und Afroamerikanern abgelehnt, dabei aber einzelne Elemente aus deren Kultur übernommen. Ich stelle Material zusammen, aus dem hervorgeht, wie die Cuna andere Völker, und besonders die Europäer, im Rahmen ihres Weltbilds darstellen: Neben die nüchterne Registrierung des Geschehenen, wie sie sich im Tatkan ikala an dem Bericht über die Ankunft der Spanier beobachten läßt, treten imaginäre Reisebilder, in denen sich Jenseitsvorstellungen mit ethnographischen Beobachtungen vermischen.

In vielen Cuna-Dichtungen kommt ein *olopatte* vor, eine goldene Scheibe, mit der sich menschenähnliche Wesen vom Himmel herablassen. Nachdem Ipeorkun, ein »Kulturheros«, der die unwissenden Menschen der Urzeit unterrichtete, die Erde verlassen hatte, senkte sich weißer, gelber, blauer und roter Nebel nieder, und als er sich wieder lichtete, fand man ein Kind auf einem *olopatte* in der Krone eines Baumes. Dieses und zehn weitere Kinder, die auf die gleiche Weise herabkamen, ließ man von Jungfrauen aufziehen und nannte sie *nele,* »Schamanen«. Sie wurden *saila,* Oberhäupter, der Cuna, Herren über Erdbeben, Stürme, Tiere und Krankheiten. Während sie die vier Winde gleichzeitig blasen ließen, kamen einige Leute weinend vom Himmel. Dies waren Tote, und sie berichteten von einem Land unter der Erde. Die *nele* versammelten sich und beschlossen, einzeln die Unterwelt und das Reich der Toten zu erforschen.[17] – Der Sonnengott Ipelele besiegte mit den Planeten und Sternen das böse Volk Masar Akpans und reiste dann mit seiner Frau auf einem *olopatte* in die acht Welten des Himmels. Er kam bis an ihr Ende, wo der König der Ameisen lebt und von wo aus man die Erde wie auf dem Grund eines Tonkrugs sehen kann.[18] – Umgekehrt verleihen die Frauen ihrem Gefühl, auf der Erde fremd zu sein, mit der Geschichte Ausdruck, daß sie mit einem *olopatte* aus einer anderen Welt gekommen sind: »Wir sind solche, welche die Erde nicht kennen, Bewohner des goldenen Wegs der Sterne«.[19]

Das Cuna-Epos folgt in seinem Aufbau dem Modell des Reiseberichts. Jeder Cuna, der eine Reise unternimmt, berichtet bei seiner Rückkehr in einer öffentlichen Versammlung über das, was er in den fremden Ländern gesehen hat. So läßt sich das Cuna-Wort *ikala* nicht nur als Epos übersetzen, sondern zugleich auch als Weg, Reise oder Unterrichtung. Berichte über wirklich gesehene fremde Länder sind in die imaginären Reisen, welche die epischen Texte beschreiben, eingefügt und verfremdet. In einigen Epen tritt das imaginäre Moment fast ganz zurück. So berichtet das Tapkala ikala[20] von einem jungen Mann, der aus Enttäuschung über seine Frau auf einem europäischen Schiff anheuert und einen großen Teil Amerikas kennenlernt. Wenn Tapkala schließlich zurückkehrt, ist er selbst ein Fremder geworden, der mit seinen Stammesgenossen nicht mehr in Frieden leben kann. Die Entfremdung in der Welt der Weißen wird dabei nicht anders dargestellt und behandelt als etwa die Entfremdung der verirrten Seele in der imaginären Welt des Nia ikala. Die Entfremdung in der Gesellschaft und die Entfremdung durch Akkulturation werden nach dem gleichen Modell interpretiert.

Die Jenseitsbilder der Cuna zeigen Züge der europäischen Zivilisation. Die anthropomorphisierten *purpa* der Pflanzen, Hölzer und Steine, deren Jenseitsreise das Epos beschreibt, haben die Gestalt von Europäern. Nordenskiöld[21] vermutet, daß die *nuchu,* die Holzplastiken, in denen die reisenden *purpa* sich verkörpern, Nachbildungen von christlichen Heiligenfiguren sind. Sehr wenige *nuchu* stellen Cuna dar; die meisten zeigen Europäer in der Tracht des 17. und 18. Jahrhunderts, so daß man annehmen darf, daß diese Tradition europäischer *nuchu* alt ist, aber eine Umformung einer noch älteren Kunsttradition, in der die *nuchu* die Gestalt von Indianern hatten. Die *nuchu* werden nicht als Idole verehrt, sondern beschworen und in den Dienst der Cuna gestellt. Bei Epidemien stellt man sie in großen Mengen auf, um sie zu verbrennen. Die Cuna sind ein kleines Volk mit einer prekären Autonomie, die Weißen umgeben und bedrohen sie von allen Seiten. Dem Konzept der *nuchu* scheint aber nicht allein eine Idee von der Macht der Weißen zugrundezuliegen, sondern vor allem die Vorstellung, daß die bedrohliche Welt außerhalb des Cuna-Landes nur von Weißen beherrscht werden kann.
Die Geschichten der Cuna machen auf Europäer einen merkwürdig in sich verschlungenen Eindruck. Unter den zehn Kindern, die sich auf einem *olopatte* auf die Erde herabgelassen hatten, befand sich auch Nele Sipu, d.h., wenn man *nele* wie Lévi-Strauss übersetzt, der weiße Schamane. Ihm fiel die Aufgabe zu, das Land der Toten zu erkunden, welches Cuna oft als das glänzende Land der Weißen schildern, als die Welt der großen Städte, von denen sie glauben, daß sie nach dem Tod den Indianern gehören: »In der anderen Welt ist der Indianer reich und der weiße Mann arm. Alles, was der weiße Mann jetzt hat, (...) wird in der anderen Welt den Indianern gehören. Dort sind schon jetzt die Seelen *(purpa)* dieser Dinge.«[22] Wir erkennen darin das Mythologem von der verkehrten Welt, die elementarste Form von Utopie, Satire und imaginärer Ethnographie. Europäer sehen darin eine Verkehrung der wahren Welt. Für die Cuna ist es jedoch Ausdruck einer revolutionären Hoffnung: die wahre Welt ist die verkehrte. Nele Sipus Bericht über seine Reise ins Land der Toten ist im Umkreis des Cuna-Aufstands von 1925 entstanden. Darin verbindet sich eine immer noch xenophobe Einstellung zur anderen Welt mit dem Anspruch, der auf sie erhoben wird, zu einer eigentümlich irritierten Metaphysik:
Nele Sipu wurde von denen, die die Gestorbenen in das Land der Toten geleiten, auf eine Begräbnisstätte geführt. Alles war glänzend, goldene und silberne Blumen strömten ihren Duft aus. Auf dem Weg in das Land

der Toten sah Nele Sipu die Bilder aller irdischen Dinge: »Die Flüsse«, so berichtet er, »sind von vielen Arten von Tieren bewohnt, die wir auch auf der Erde sehen. Wir verfolgen unseren Weg weiter und gelangen zu den goldenen Wänden, geschmückt mit Bildern, die wie Jaguare und Pumas aussehen. Sie scheinen zu leben und sie glänzen. (...) Ein leichter Wind weht und ich sehe mit meinen Augen, daß alles schön ist.« Später gelangte Nele Sipu an einen See und seine Führer sagten, »daß der See nur ein Bild der Schöpfung Gottes am Anfang der Welt ist; sie nennen ihn Medizin, Gottes Samen, gemischt mit dem Ovum der Frau.« In einer Stadt sah Nele Sipu »Menschenmengen, die in den Straßen spazieren gingen. Einige gingen Arm in Arm, einige liefen, einige tanzten, einige wurden in Kutschen gezogen.« Aber alles, was Nele Sipu im Land der Toten sah, »hat Gott dort aufgestellt, als wäre es wirklich, aber es sind nur Bilder, und wenn sie bei ihrem Namen genannt werden, verwandeln sie sich in Bilder.« Am Ende gelangte Nele Sipu an das Haus einer Frau: dies ist »eine Maschine, deren Aufgabe es ist, den Körper des Toten zu greifen, das Blut herauszupressen und ihn zu reinigen, bevor der Tote in das Haus Gottes eingeht«. Gott schließlich sitzt auf einem Drehstuhl vor dem Telephon, von dem aus er die Welt regiert.[23]
Je weiter Nele Sipu in das Land der Toten vordringt, umso seltsamer wird die Landschaft, die er für Cuna schildert: Sie ist zunehmend mit großen Städten, beängstigend großen Menschenmengen und technischen Apparaten ausgestattet. Im gleichen Maße häufen sich in Nele Sipus Bericht beschwichtigende Formeln – es sind nur Bilder, nur Schatten. Dies entspricht der Tradition des Masar ikala, des Gesangs für den Toten. Menschen und Dinge sind in der anderen Welt blutlose, leere Schemen. Aber wir erkennen in Nele Sipus Totenland eine Vision unserer Zivilisation. Sie blendet den Reisenden, indem er sie aber beim Namen nennt, löst sie sich in bloßen Schein auf. Wir könnten dies wie eine Satire auf unser Realitätsbewußtsein beziehen. In der Utopie der Cuna erscheint uns alles verkehrt. Wir könnten den Bericht der Cuna über die Entdeckung der Europäer im Tatkan ikala für eine Satire auf unsere Entdeckungsgeschichte halten: Die Indianer unterrichten die Missionare, und die Europäer begehen die Greueltaten, die sie den Wilden und Kannibalen nachgesagt haben. Die Armen ergreifen Besitz von den Reichtümern der Europäer; die moderne Zivilisation ist nur ein glänzendes Bild, körperlos und blutleer. Aber Nele Sipu unternimmt nicht eine imaginäre Reise im Sinne des satirischen Romans. Swifts Gulliver beschreibt seinen Landsleuten fremde Völker, in denen sie ihre eigenen Entstellungen erkennen sollen. Nele Sipus berichtet seinen

Landsleuten wirklich von einem anderen Volk. Der Ethnograph entdeckt die Europäer in dem phantastischen Bericht Nele Sipus ebenso wie in der eher realistischen Überlieferung des Tatkan ikala. Es ist seine Aufgabe, den Standpunkt einzunehmen, von dem aus diese Darstellungen nicht mehr verkehrte, sondern wahre Bilder sind.

Anmerkungen

Creuzer und der Mythos des Orients

[1] Lichtenberg, *Sudelbücher,* Heft E, 165.
[2] Winckelmann, *Geschichte der Kunst des Altertums* (1764), Köln 1972, S. 41f.
[3] ebd., S. 47f.
[4] ebd., S. 129.
[5] ebd., S. 156.
[6] ebd., S. 166f.
[7] ebd., S. 146f. – »Regelmäßiger aber bildet die Natur, je näher sie nach und nach wie zu ihrem Mittelpunkt geht. (...) Folglich sind unsere und der Griechen Begriffe von der Schönheit (...) richtiger, als welche sich Völker bilden können, die (...) von dem Ebenbilde ihres Schöpfers halb verstellt sind« (S. 147).
[8] ebd., S. 140.
[9] ebd., S. 148.
[10] Vgl. K. Clark, *The Nude,* Harmondsworth 1960, S. 62.
[11] Winckelmann, *Sendschreiben über die Gedanken von der Nachahmung der griechischen Werke,* in: *Sämtliche Werke,* hrsg. v. J. Eiselein (1825), Osnabrück 1965, Bd. I, S. 88, 91, 98.
[12] ebd., S. 89.
[13] W. Hofmann, *Rollentausch,* in: *Johan Tobias Sergel,* München 1975, S. 19.
[14] K. Justi, *Winckelmann und seine Zeitgenossen,* 1956, S. 496.
[15] J. Görres, *Mythengeschichte der asiatischen Welt,* Heidelberg 1810, S. 33–40.
[16] ebd., S. 54ff.
[17] ebd., S. 12, 19, 27, 53.
[18] Das vierbändige Werk erschien in drei Auflagen: 1810–1812, Leipzig und Darmstadt; 1819–1821 (am selben Ort, mit einem Atlas und zwei zusätzlichen Bänden von F. Mone); 1837–1843, Darmstadt. Alle drei Auflagen weichen zum Teil signifikant voneinander ab. Ich zitiere, wenn nicht besonders vermerkt, nach der zweiten, ausführlichsten Auflage.
[19] Vgl. Creuzers Übersetzung von Plotin, Enn. III 8 (30), in: *Studien,* hrsg. v. Daub u. Creuzer, Bd. I, 30ff.; s. besonders S. 63ff. Creuzer hat die erste kritische Plotin-Ausgabe ediert. Über die romantische Rezeption Plotins vgl. M. Wundt, *Plotin und die Romantik,* in: *Neue Jahrbücher für das klassische Altertum...,* Bd. 35, 1915, S. 649–72.
[20] *Symbolik...,* Bd. IV, S. IV. – In der 3. Aufl. der *Symbolik...,* Bd. IV, S. 707f. erläutert Creuzer den Sinn von *theoria* im Anschluß an Luthers Begriff der Anagoge: Die Betrachtung ist ein »Gedenken«, die Auslegung des heimlichen oder theoretischen Sinns.
[21] *Idee und Probe alter Symbolik,* in *Studien,* Bd. II, S. 224–324
[22] Das Wort Ethnographie gehört zu den Neologismen, die gegen Ende des 18. Jahrhunderts in Umlauf kamen. Es bezeichnete zunächst die Beschreibung der Völker, die außerhalb der biblischen Überlieferung standen, hatte aber auch den Nebensinn einer *synchronistischen* Beschreibung, der Creuzers Intentionen sicher besonders entgegenkam. Vgl. z.B. Ch. A. Heyse, *Allgem. verdeutschendes und erklärendes Fremdwörterbuch,* 12. Aufl., Hannover 1859, s. v. *ethnisch.*
[23] *Symbolik...,* 3. Aufl., Bd. II, S. 685. – Creuzers Auffassung von Etymologien zeigt besonders deutlich, wie wenig es ihm um eine eigentlich historische Theorie der Diffusion von Mythen geht; denn nach seiner Ansicht bedarf die Etymologie keiner sprachgeschichtlichen Absicherung: Die entferntesten Lautassoziationen, oft in der Art von »Fehlleistungen«, genügen ihm als Beweis, weil er die Etymologie im vorwissenschaftlichen Sinn

versteht, also als symbolische Ausdrucksweise. Vgl. dazu *Symbolik*..., 3. Aufl., Bd. IV, S. 334; *Briefe über Homer und Hesiod,* von G. Hermann und F. Creuzer, Heidelberg 1818, S. 105.

[24] *Briefe über Homer*..., a.a.O., S. 115f.

[25] *Ueber einige mythologische und artistische Schriften Schellings, Ouwaroffs, Millins und Welckers,* Heidelberg 1817, S. 820f. – In dieser Hinsicht will Creuzer auch den hellenistischen Synkretismus rechtfertigen. Vgl. *Symbolik*..., 3. Aufl., Bd. II, S. 384.

[26] Zu Creuzers Absetzung von der Philosophie vgl. *Symbolik*..., 3. Auf., Bd. I, S. XV; Hoffmeister, *Hegel und Creuzer,* in: *Dt. Vjs. f. Lit.wiss. u. Geistesgesch.,* Bd. 8, 1930, S. 260–82, sieht darin nur ein Versagen. Für die genauere Unterscheidung s. H.-G. Gadamer, *Hegel und die Heidelberger Romantik,* in: *Ruperto-Carola,* Bd. 30, 1961, S. 97–103.

[27] Diese Theorie wird entwickelt in *Symbolik*..., Allgem. Teil, § 1–4, 54, 60–64.

[28] ebd., § 64.

[29] F. Boll, C. Bezold u. W. Gundel, *Sternglaube und Sterndeutung,* 5. Aufl., Stuttgart 1966, S. 54.

[30] Vgl. dazu K. A. Nowotny, *Beiträge zur Geschichte des Weltbildes,* Wiener Beiträge zur Kulturgeschichte und Linguistik, Bd. XVII, Horn-Wien 1970.

[31] *Symbolik*..., Bd. I, S. 363ff.

[32] ebd., S. 366.

[33] Vgl. z.B. Heine, *Lutezia,* 2. Tl., LX (über Quinet).

[34] Creuzer hat diese »Ideenreihen« nirgends zusammenfassend dargelegt, sie ziehen, oft implizit, mit eigentümlicher Monotonie durch die gesamte *Symbolik.* Aufschlußreiche Stellen sind, in der 3. Aufl.: Bd. II, S. 190, 332, 568f., 619, 642; Bd. I, S. 157, 160.

[35] Vgl. z.B. noch A. E. Jensen, *Die getötete Gottheit,* Stuttgart 1966; eine sehr »creuzerische« Formulierung etwa S. 154: »Daß sich im Mond das Sterben und Neuerstehen am anschaulichsten verkörpert, wird wohl niemand bezweifeln. Darüber hinaus hat die den Menschen umgebende Wirklichkeit viele sehr starke, (...) geheimnisvolle und unbeschreibbare Wirkungen auf das menschliche Seelenleben.« Fragwürdig ist an dieser Mythologie vor allem, daß der Mythos eines Volkes nicht im Ausgang von dessen Selbstinterpretation gedeutet wird, sondern aufgrund des Selbsterlebnisses des Deutenden. – Auf Jensens Verwandtschaft mit der romantischen Mythologie weist auch W. E. Mühlmann hin: *Erkenntnis des Mythos – Mythos und Erkenntnis,* in: *Homo Creator,* Wiesbaden 1962, S. 162ff.

[36] *Symbolik*..., Bd. I, S. 256f., 265ff., 475ff.

[37] ebd., S. 477, 485.

[38] *Symbolik*..., 3. Aufl., Bd. I, S. 172.

[39] ebd., Bd. IV, S. 33.

[40] *Symbolik*..., Bd. III, S. 186f. – A. Baeumler, *Das mythische Weltalter,* München 1965 (zuerst 1926), S. 111, will hierin eine Beschreibung Karoline von Günderodes sehen. In der Darstellung von Melancholie und Tanz ist Creuzer ebenso präzis wie vieldeutig: Man fühlt sich an Valérys *L'Ame et la danse* erinnert.

[41] *Symbolik*..., 3. Aufl., Bd. II., S. 367.

[42] ebd., Bd. I, S. 132.

[43] ebd., Bd. II, S. 623f.

[44] ebd., Bd. II, S. 573ff.

[45] Vgl. *Symbolik*..., Bd. I, S. 154f. und Bd. II, S. 10.

[46] *Symbolik*..., 3. Aufl., Bd. I, S. 165.

[47] *Vorlesungen zur Einführung in die Psychoanalyse, Ges. Werke,* Bd. XI, S. 150ff.

[48] Sytematisch begründet wird dies *Symbolik* ..., Bd. I, S. 54f.

[49] ebd., S. 143.

[50] ebd., Bd. II, S. 670.

[51] J. H. Voss, *Antisymbolik,* Stuttgart 1824, S. 37.

[52] ebd., S. 145.
[53] ebd., S. 403f.
[54] Abgedr. in *Aus dem Leben eines alten Professors,* in: *Deutsche Schriften,* 5,1, Leipzig und Darmstadt 1848, S. 180.
[55] ebd., S. 337.
[56] *Philologie und Mythologie, in ihrem Stufengang und gegenseitigen Verhalten,* in: *Heidelbergische Jahrbücher der Literatur,* 1. Jahrg., 1. Heft, S. 20ff. – Creuzer hat seine mythologischen Vorlesungen immer auf die jeweilige Situation bezogen. Vgl. *Aus dem Leben…,* S. 64.
[57] *Aus dem Leben…,* a.a.O., S. 267f.
[58] E. Rohde (Hrsg.), *F. Creuzer und K. v. Günderode,* a.a.O., S. 110.
[59] O. Dammann (Hrsg.), *Briefe Creuzers an J. H. C. Bang,* in: *Neue Heidelberger Jahrbücher,* 1939. ·
[60] Rohde, a.a.O., S. 97
[61] Creuzer verbarg seine privaten Geheimnisse bewußt in der Gelehrsamkeit. Aufschlußreich ist Rohde, a.a.O., S. 6: »Eine gelehrte Aufschrift auf dem Packet soll jeden Sucher täuschen, wenn ich mit finsterer Miene den gelehrten Apparat um mich her versammle.«
[62] *Symbolik…,* 3. Aufl., Bd. I, S. X.
[63] Rohde, a.a.O., S. 69.
[64] ebd., S. 95f.
[65] Dazu J. Seznec, *Nouvelles études sur la tentation de Saint Antoine,* Studies of the Warburg Institute, vol. 18, London 1949, S. 9, 56, 81, 86f.
[66] *Symbolik…,* Bd. I, S. 283, 286.
[67] ebd., S. 592f.
[68] ebd., Bd. II, S. 73.
[69] ebd., S. 75.
[70] ebd., S. 80.
[71] ebd., S. 79.
[72] S. Boisseree, *Briefwechsel und Aufzeichnungen,* Stuttgart 1862, Bd. III, S. 266.

Verfremdung der Mythologie

[1] Vgl. dazu H.-G. Gadamer, *Wahrheit und Methode,* 2. Aufl. Tübingen 1965, S. 66ff. – Ich zitiere Herders Werke, falls nicht besonders vermerkt, nach der Kleinoktavausgabe von J. v. Müller.
[2] *Über Bild, Dichtung und Fabel,* 1787, *Werke* Bd. 29, S. 9.
[3] ebd., S. 14f.
[4] ebd., S. 20.
[5] *Adrastea,* 3. Stück, *Werke* Bd. 28, S. 147; vgl. *Über Bild…,* a.a.O., S. 17. Dort heißt es, S. 23: »Einige klare, kühne, lebhafte Geister hatten erfunden, und erzählten vor; schwächere Köpfe begriffen halb oder gar nicht; sie erzählten indeß weiter. So wurden endlich Sagen ohne Sinn, Bilder ohne Verstand und Deutung.« – Herder setzt »natürlich« und »nicht-symbolisch« gleich, wenn er etwa als Hauptgesetz der Allegorie bezeichnet, daß in ihr »Geist durch den Körper spricht; womöglich nicht symbolisch, sondern natürlich«. *Werke* Bd. 28, S. 246.
[6] *Kritik der Urteilskraft,* § 59.
[7] *K. d. U.,* § 59. – Herders Auffassung geht schon z.B. aus dem Aufsatz *Vom Erkennen und Empfinden,* 1778, hervor: »Ist in dieser ›*Analogie zum Menschen*‹ auch Wahrheit? Menschliche Wahrheit gewiß, und von einer höhern habe ich, solange ich Mensch bin, keine Kunde. Mich kümmert die überirdische Abstraction sehr wenig, die sich aus allem, was ›*Kreis unsres Denkens und Empfindens*‹ heißt, ich weiß nicht auf welchen Thron der

Gottheit setzet, da Wortwelten schafft und über alles Mögliche und Wirkliche richtet. Was wir wissen, wissen wir nur aus Analogie, von der Kreatur zu uns und von uns zum Schöpfer«. *Werke* Bd. 8, S. 5.

[8] *Kalligone, Werke,* ed. Suphan, Bd. 22, S. 319.

[9] ebd., S. 322.

[10] ebd., S. 325.

[11] ebd., S. 323. Die Symbole, die sich am weitesten von der Natur entfernt haben, können durchaus wirksam sein. Gerade die konventionellsten, leersten Symbole, wie Fahnen usw., sind es, für die am meisten gestritten wird. Vgl. a.a.O., S. 324.

[12] Vgl. ebd., S. 319; *Adrastea,* 3. Stück, a.a.O., S. 144; und *Vom Geist der ebräischen Poesie,* II, *Werke* Bd. 34, S. 21. – Ein solches Symbol ist das *Land der Seelen,* dessen Varianten Herder von vielen Völkern zusammengetragen hat. Vgl. *Ahnungen der eigenen Zukunft* (aus den *Zerstreuten Blättern*), *Werke* Bd. 7, S. 135 ff. Dieses Symbol kann z. B. die Form der Vorstellung von der Seelenwanderung annehmen. In diesem Fall liegt ihm ein »Mitgefühl mit Tieren« zugrunde und der bei, wie Herder sagt, »Naturvölkern« allgemeine Glaube an die Wirklichkeit der Taten einer aus dem Körper getretenen Seele, die der Begeisterte in Träumen und Ekstasen sich vorstellt. Das Symbol setzt voraus, daß die Erkenntnis der Ähnlichkeit der Sinne, der Organe und des Gliederbaus bei Menschen und Tieren nicht »philosophisch« ist, sondern ein »sinnlicher Wahn«. Vgl. *Ahnungen*..., a.a.O., S. 171 f:, 194 ff.

[13] Vgl. *Älteste Urkunde des Menschengeschlechts, Werke* Bd. 37, S. 123, 127 f., 133, 139.

[14] *Vom Geist*..., a.a.O., S. 31.

[15] *Ahnungen*..., a.a.O., S. 196 f.

[16] *Plastik,* 1778, *Werke* Bd. 27, S. 242.

[17] ebd., S. 238.

[18] ebd., S. 244, 238 f.

[19] ebd., S. 240.

[20] ebd., S. 246. – »*Gefühl* und *Versetzung unsers ganzen menschlichen Ichs* in die durchtastete Gestalt ist Lehrerin und Handhabe der Schönheit« (S. 305). Obwohl Herder die Begriffe der Schönheit, Nacktheit und Beweglichkeit an der griechischen Plastik erläutert, ist sein Begriff der Plastik selbst keineswegs klassizistisch. Die griechischen Götter sind nicht Ideale, die »Fülle ihres Körpers« ist, wie es in einer Anspielung auf Winckelmann heißt, kein »Gleichsam«, sondern ihr »Wesen« (S. 260). Sie sind ebensowenig ein »Abstrakt in Wolken« (S. 307) wie Charaktere im Sinne Lavaters, sondern »Schönheit in *bestimmter* Form« (S. 309), »körperliche Wahrheit« (S. 311).

[21] ebd., S. 335 f.

[22] ebd., S. 332.

[23] ebd., S. 270.

[24] ebd., S. 321.

[25] ebd., S. 308.

[26] ebd., S. 276.

[27] ebd., S. 312 f.

[28] ebd., S. 327.

[29] *Aus dem Leben eines alten Professors, Deutsche Schriften,* 5, 1, Leipzig und Darmstadt 1848, S. 61.

[30] Creuzer hat seine Symboltheorie nicht systematisch und begrifflich entwickelt, sondern in philologischen Erörterungen des antiken Gebrauchs der Worte »Symbol« und »Mythos« und in einer Reihe von Metaphern, die sich manchmal nur schwer in Begriffe umsetzen lassen. Die Einleitung der *Symbolik und Mythologie* enthält mindestens drei verschiedene Ansätze zur Klärung des Symbolbegriffs und ist keineswegs klar und widerspruchsfrei. Neben beiläufigen Widersprüchen weist sie einen prinzipiellen Riß auf: Der Begriff des Symbols wird einmal im Ausgang von dem der Analogie entwickelt, ein anderes Mal im Ausgang von dem der Idee.

[31] Vgl. *Symbolik* ..., a.a.O., Bd. I, S. 10ff., 33ff., 61.
[32] ebd., S. 54f..
[33] *Symbolik*, Allgemeiner Teil, § 30–32.
[34] Vgl. dazu *Symbolik* ..., a.a.O., Bd. I, S. 87, 91.
[35] Allerdings ist dies nur ein Postulat. In Wirklichkeit deutet Creuzer die Symbole oft genug aus Konventionen. *Symbolik*, Bd. I, S. 119, räumt er sogar ein, daß sich das Symbol »an das Bekannte anschließt«. Diese Formulierung verrät, daß das Symbol beim Übergang zu seiner Deutung den mystischen Nimbus einbüßt. Nach Creuzers Konzeption hätte sich natürlich das »Bekannte« an das Symbol angeschlossen. Aber tatsächlich wird ja das Symbol erst durch die Deutung konstituiert. Solche Widersprüche zwischen philologischen und theologischen Argumenten finden sich bei Creuzer nicht zufällig.
[36] *Aus dem Leben* ..., a.a.O., S. 64f.
[37] *Symbolik* ..., 3. Aufl., Bd. I, S. XI.
[38] *Briefe über Homer und Hesiod*, von Gottfr. Hermann und Fr. Creuzer, Heidelberg 1818, S. 92ff.
[39] ebd., S. 89f.
[40] *Symbolik* ..., a.a.O., 3. Aufl., Bd. I, 13.
[41] E. Rohde (Hrsg.), *Friedrich Creuzer und Karoline von Günderode*, Heidelberg 1896, S. 80.
[42] *Symbolik* ..., a.a.O., 3. Aufl., Bd. II, S. 132. – Sehr aufschlußreich ist auch, wie Creuzer sich in seiner Autobiographie gegen seine Kritiker verteidigt: »Hat man es (...) dem Jünglinge verziehen, wenn nach seiner Würdigungsweise sehr oft das Mikroskop des Botanikers und die Retorte des Scheidekünstlers dem Schmetterlingsnetze des Knaben den Rang einräumen mußten, so wird man auch vielleicht den Mann entschuldigen, wenn er über eine glückliche Allegorie (...) in ein größeres Entzücken noch jetzt gerät, als über einen neugefundenen Nebelfleck oder über eine neuentdeckte Luftart«. *Aus dem Leben* ..., a.a.O., S. 63f.
[43] Vgl. *Zur Geschichte der klassischen Philologie*, Frankfurt a. M. 1854.
[44] Hegel, *Phänomenologie des Geistes*, hrsg. v. J. Hoffmeister, Hamburg 1952, S. 481ff.
[45] ebd., S. 485f.
[46] ebd., S. 489.
[47] ebd., S. 526.
[48] Vgl. E. E. Evans-Pritchard, *Theories of Primitive Religion*, Oxford 1965.
[49] Hegel, *Vorlesungen über die Ästhetik*, hrsg. v. F. Bassenge, Berlin und Weimar 1955, Bd. I, S. 306f. – Ähnliche Gedanken entwickelt Hegel auch in den *Vorlesungen über die Philosophie der Religion*, hrsg. v. G. Lasson, Hamburg 1966, Bd. I, S. 222ff.
[50] Dazu allerdings sieht Hegel sich genötigt. Besonders beunruhigt hat ihn die indische Mythologie. Er spricht von »Gestaltungen einer gärenden Phantasie«, von der »Faselei des Phantastischen«, von »kontinuierlicher Trunkenheit«, »Verrücktsein«, »absoluter Stumpfheit« usw. (*Ästhetik*, a.a.O., Bd. I, S. 330). Daß es auch hier vor allem um die Schwierigkeiten einer Idealisierung des Sinnlichen ging, belegt etwa folgende Stelle: »Hundert Jahre lang lag Siwas mit Uma in ehelicher Umarmung, ohne Unterbrechung (...). Siwas gibt den Bitten der Götter Gehör, er läßt von weiterem Zeugen ab, um nicht das Universum zu zerstören, und schleudert seinen Samen auf die Erde; von Feuer durchdrungen, entsteht daraus der weiße Berg, der Indien von der Tartarei trennt. Uma aber gerät darüber in Zorn und Wut und verwünscht alle Gatten. Dies sind zum Teil greuliche, fratzenhafte Gebilde, die unserer Phantasie und allem Verstande widerstreben, so daß sie, statt es wirklich darzustellen, nur merken lassen, was darunter zu verstehen sei« (S. 336f.).
[51] *Ästhetik*, a.a.O., S. 450.

[1] Hegel, *Werke*, Frankfurt a. M. 1970, Bd. IV, S. 321f.
[2] Hegel, *Einleitung in die Geschichte der Philosophie*, hrsg. v. J. Hoffmeister, Hamburg 1959, S. 57.
[3] ebd., S. 106.
[4] ebd., S. 111.
[5] ebd., S. 74.
[6] ebd., S. 39, 61.
[7] *Enzyclopädie*, § 393, Zusatz.
[8] *Die Vernunft in der Geschichte*, hrsg. v. J. Hoffmeister, Hamburg 1955, S. 154f.
[9] ebd., S. 201.
[10] ebd., S. 200.
[11] ebd., S. 234.
[12] ebd., S. 217.
[13] Vgl. dazu W. E. Mühlmann, *Das Mythologem von der verkehrten Welt*, in: ders., *Rassen, Ethnien, Kulturen*, Neuwied 1964, S. 340–352.
[14] Vgl. dazu H.-G. Gadamer, *Hegel – die verkehrte Welt*, in: ders., *Hegels Dialektik*, Tübingen 1971, S. 31–48.
[15] Hegel, *Die Vernunft in der Geschichte*, a.a.O., S. 221.
[16] ebd., S. 224ff.
[17] ebd., S. 231.
[18] J. J. Bachofen, *Gesammelte Werke*, Bd. II*(Das Mutterrecht)*, hrsg. v. K. Meuli, Basel 1948, S. 9.
[19] ebd., S. 18.
[20] ebd., S. 36f.
[21] Bachofen, *Ges. Werke*, Bd. VIII (*Antiquarische Briefe*, 1880, Vorarbeiten), hrsg. v. J. Dörmann u. W. Strasser, Basel 1966, S. 457ff. – Die explizite Kritik daran hat zuerst Malinowski vorgetragen. Vgl. B. Malinowski, *The Family Among the Australian Aborigines*, London 1913.
[22] Vgl. dazu H. H. Hofstätter, *Symbolismus und die Kunst der Jahrhundertwende*, Köln 1973 (2. Aufl.), besonders S. 150ff.
[23] Herodot II, 35.
[24] Bachofen, *Mutterrecht*, a.a.O., S. 31.
[25] ebd., S. 16.
[26] ebd., S. 46.
[27] Bachofen, *Lebens-Rückschau*, in: ders., *Mutterrecht und Urreligion*, hrsg. v. R. Marx, Stuttgart 1954, S. 15f.
[28] Thomas Mann, *Der Tod in Venedig, Sämtliche Erzählungen*, Frankfurt a. M. 1972, S. 410f.

Der Reisende ohne Schatten

[1] G. Catlin, *Letters and Notes on the Manners, Customs, and Conditions of the North American Indians* (1844), New York 1973, Bd. II, S. 194–200. – Catlin hat den Namen des Indianers falsch verstanden: Er hieß Ah-jon-jon. Vgl. dazu J. C. Ewers, *Indian Life of the Upper Missouri*, Univ. of Oklahoma Press, 1968, S. 78. Ich halte mich hier an Catlins Version, weil ich eigentlich Catlins Geschichte interpretieren möchte.
[2] A. v. Chamisso, *Peter Schlemihls wundersame Geschichte*, zit. nach der Ausgabe: *Chamissos Werke*, hrsg. v. M. Sydow, Leipzig o.J., Bd. III, S. 204.

[3] Heinrich Heine, *Werke,* Frankfurt a. M. 1968, Bd. II, S. 721.
[4] ebd., Bd. IV, S. 121.
[5] Vgl. dazu L. A. Fiedler, *Die Rückkehr des verschwundenen Amerikaners,* Frankfurt a. M. 1970.
[6] Im *Wintermärchen* hat auch Heine die Reise als *Desillusionierung in diesem Sinn* beschrieben: Die inverse Reise, aus dem Exil in die Heimat, beginnt mit der Prophezeiung eines himmlischen Paradieses durch ein irdisches Harfenmädchen und endet in den irdischen Armen einer Göttin.
[7] Vgl. A. v. Chamisso, *Reise um die Welt,* in: *Werke,* a.a.O., Bd. IV und V; Choris, *Voyage pittoresque autour du monde,* Paris 1822; O. v. Kotzebue, *A Voyage of Discovery* ..., London 1821.
[8] *Werke,* a.a.O., Bd. IV, S. 10.
[9] ebd., S. 43.
[10] ebd., S. 23.
[11] ebd., S. 36.
[12] ebd., S. 77.
[13] ebd., S. 180.
[14] ebd., S. 214.
[15] ebd., S. 75.
[16] ebd., S. 134.
[17] ebd., Bd. V, S. 252ff. – Chamisso hat sich auch mit malaiischen Versformen beschäftigt und Lieder von Ratak und Tonga übersetzt. Vgl. *Werke,* a.a.O., Bd. III, S. 79ff., 218ff.
[18] *Werke,* a.a.O., Bd. IV, S. 220f.
[19] Zu Bastians Leben vgl. K. v. d. Steinen, *Gedächtnisrede auf Adolf Bastian,* in: *Zeitschr. f. Ethnologie,* Bd. 37, 1905, S. 236–249; A. Fiedermutz-Laun, *Der kulturhistorische Gedanke bei Adolf Bastian,* Wiesbaden 1970, S. 1–27.
[20] A. Bastian, *Die Vorgeschichte der Ethnologie,* Berlin 1881, S. 56. – Bastian hat in fast allen Büchern ungefähr dasselbe geschrieben, so daß die Belegstellen im folgenden etwas willkürlich sein müssen.
[21] ebd., S. 58.
[22] A. Bastian, *Randglossen zur Erörterung schwebender Fragen in der Mensch- und Völkerkunde,* Beilage zum *Ethnologischen Notizblatt* II, 1, S. 50.
[23] Vgl. *Vorgeschichte*..., a.a.O., S. 63.
[24] ebd., S. 74.
[25] Bastian, *Der Völkergedanke im Aufbau einer Wissenschaft vom Menschen und seine Begründung auf ethnologische Sammlungen,* Berlin 1881, S. 181.
[26] A. Bastian, *Zeitbetrachtungen eines Supernumerarius,* Batavia 1897, S. 16f. – Diese Schrift ist anonym erschienen, stammt aber zweifellos von Bastian, der sich 1897 in Batavia aufhielt. Möglicherweise gibt es noch eine beträchtliche Zahl solcher bislang unentdeckter Schriften.
[27] Vgl. etwa *Zeitbetrachtungen*..., a.a.O., S. 35, 38.
[28] Bastian, *Controversen in der Ethnologie,* Berlin 1893/94, 4 Bde., Bd. I, S. X.
[29] *Zeitbetrachtungen*..., a.a.O., S. 25.
[30] ebd., S. 7.
[31] ebd., S. 5.
[32] *Controversen*..., a.a.O., Bd. I, S. X.
[33] *Vorgeschichte*..., a.a.O., S. 25.
[34] *Controversen*..., a.a.O., Bd. I, S. X.
[35] ebd., S. XI.
[36] Bastian, *Der Menschheitsgedanke durch Zeit und Raum,* Berlin 1901, Bd. I, S. 242.
[37] Sogar von den Steinen muß das eingestehen; vgl. *Zeitschr. f. Ethnologie,* Bd. 37, 1905, S. 247.
[38] *Menschheitsgedanke*..., Bd. I, S. 246.

[39] Bastian, *Die Völkerkunde und der Völkerverkehr unter seiner Rückwirkung auf die Volksgeschichte*, Berlin 1900, S. 13.
[40] *Völkergedanke*..., a.a.O., S. 82.
[41] *Völkerkunde*..., a.a.O., S. 13.
[42] Vgl. *Vorgeschichte*..., a.a.O., S. 28: »Dass all das herbeigetragene Material, als durch die Natur geliefert, schließlich zusammenpassen muss, darauf dürfen wir bauen.«
[43] Vgl. *Vorgeschichte*..., a.a.O., S. 67.

Synthetische Ethnographie

[1] B. Malinowski, *A Diary in the Strict Sense of the Term*, London, 1967, S. 235.
[2] B. Malinowski, *Argonauts of the Western Pacific*, London 1922.
[3] B. Malinowski, *The Sexual Life of Savages in North-Western Melanesia*, London 1929.
[4] B. Malinowski, *Coral Gardens and their Magic*, London 1935.
[5] Vgl. *Argonauts*..., a.a.O., S. 1–26; *Coral Gardens*..., a.a.O., Bd. I, S. 452–482; Ph. Kaberry, *Malinowskis Contribution to Fieldwork Methods and the Writing of Ethnography*, in: *Man and Culture*, hrsg. v. R. Firth, London 1957, S. 71–92.
[6] *Diary*..., a.a.O., S. 289.
[7] B. Malinowski, *Magic, Science and Religion*, New York 1954, S. 94.
[8] *Sexual Life*..., a.a.O., S. 284.
[9] B. Malinowski, *Introduction*, in: J. E. Lips, *The Savage Hits Back*, New York 1966, S. VII.
[10] *Diary*..., a.a.O., S. 158.
[11] *Magic, Science*..., a.a.O., S. 99.
[12] B. Malinowski, *Sir James George Frazer: A Biographical Appreciation*, in: Malinowski, *A Scientific Theory of Culture* (1944), New York 1966, S. 179ff.
[13] *Diary*..., S. 255.
[14] Vgl. *Coral Gardens*..., a.a.O., Bd. II *passim;* J. R. Firth, *Ethnographic Analysis and Language with Reference to Malinowskis View*, in: *Man and Culture*, a.a.O., S. 93–118.
[15] Vgl. B. Malinowski, *The Family Among the Australian Aborigines*, London 1913.
[16] Vgl. H. I. Hogbin, *Anthropology as Public Service and Malinowskis Contribution to it*, in: *Man and Culture*, a.a.O., S. 245–264.

Europäische Maler in Ozeanien

[1] K. von den Steinen, *Die Marquesaner und ihre Kunst*, Berlin 1925–28, 3 Bde.; vgl. besonders Bd. I, S. 96–102. – Materialsammlung bei J. Agthe, *Die Abbildungen in Reiseberichten aus Ozeanien*, 2 Bde., Arbeiten a. d. Inst. f. Völkerk., Göttingen 1969.
[2] Ein Engländer soll einmal ein nach seiner Ansicht vortreffliches Portrait eines alte Maori gezeichnet haben. Der Maori betrachtete sein Bild lange und aufmerksam, erkannte sich aber nicht. Als der beleidigte Maler ihn aufforderte, sich doch selbst zu protrătieren, machte er sich unverzüglich daran, seine Gesichtstatauierung zu zeichnen. – Vgl. J. E. Lips, *The Savage Hits Back*, New York 1966, S. 44.
[3] Bis hin zu Lafond, der eine Gruppe von »Marquesanern« darstellt, die Masken aus Tabatinga am Amazonas tragen. – Vgl. v. d. Steinen, *Die Marquesaner*..., a.a.O., Bd. I, S. 101.
[4] Vgl. dazu Lips, *The Savage*..., a.a.O., S. 29ff.

[5] Vgl. S. Wichmann, *Bildnisse außereuropäischer Völker in der Kunst des 19. und 20. Jahrhunderts,* in: *Weltkulturen und moderne Kunst,* Katalog der Ausstellung für die Spiele der XX. Olympiade, München 1972, S. 29–35.
[6] Vgl. H. H. Hofstätter, *Symbolismus und die Kunst der Jahrhundertwende,* Köln 1965.
[7] P. Gauguin, *Noa Noa,* übers. v. L. Wolf, Berlin 1960, S. 17.
[8] Gauguin, *Briefe,* hrsg. v. M. Malingue, S. 140.
[9] ebd., S. 141.
[10] Vgl. *Noa Noa,* a.a.O., S. 27, 33, 37.
[11] Z.B. berichtet Gauguin, Tehura spreche zwei Frauen als »Mutter« an. Dies erklärt sich vermutlich aus der Terminologie, die genealogische Unterschiede betont, aber kollaterale vernachlässigt. Gaugin gibt sich damit zufrieden, die zweite »Mutter« als Amme zu verstehen. – Vgl. *Noa Noa,* a.a.O., S. 63.
[12] *Noa Noa,* a.a.O., S. 87. – Zwar ist das Kapitel über die polynesische Mythologie nur durch die Redaktion von Morice in den Text von *Noa Noa* geraten, aber Gauguin setzt die Mythologie auch an anderen Stellen ein, um seine Reisebilder in ein anschaulich-überzeitliches Licht zu tauchen. (Vgl. z.B. den Anfang von *Noa Noa.*) – Zur Authentizität von *Noa Noa* vgl. J. Loize, *Noa Noa par Paul Gaugin,* Paris 1966.
[13] Vgl. die Geschichte von Hina und Tefatou, Mond und Erde, an die Gauguin sich an ihrem ursprünglichen Schauplatz erinnert, wenn der Mond aufgeht (*Noa Noa,* a.a.O., S. 53). – Ähnlich verbanden sich den Reisenden in Griechenland Mythologie und Reisebild.
[14]Vgl. *Hina Tefatou* (New York).
[15] Vgl. dazu W. Schmalenbach, *Gauguins Begegnung mit der Welt der Naturvölker,* in: *Weltkulturen…,* a.a.O., S. 435–456.
[16] Brief an Strindberg; Gauguin, *Briefe…,* a.a.O., S. 167.
[17] Bekanntlich »zitieren« Gauguins Bilder Figuren von Boticelli, Tizian usw.
[18] In dem Bild *Ta Matete* gleitet der Blick des Betrachters an den in die Fläche eines thebanischen Reliefs gedrehten Figuren des Vordergrunds vorbei, wird im Mittelgrund teilweise von den beiden Männern mit den Fischen aufgehalten und zieht schließlich über das Meer zum oberen Bildrand in eine unbestimmte Ferne – eine Bewegung, die allerdings der polynesischen Kultur selbst nicht fremd ist.
[19] *Briefe,* a.a.O., S. 190. – Sieht man von symbolistischen Vokabeln wie »Vorzeit« und »Uraltes« ab, so enthält Gauguins Brief an Fontainas eine präzise Beschreibung der Wechselbeziehung von Phantasie und Gegenwart: »Hier, nah bei meiner Hütte, tiefes Schweigen. In den berauschenden Düften erträume ich mir wilde Harmonien. Ahnung eines heiligen Schauers, aus grauer Vorzeit kommend, füllt meine Seele mit Entzücken. Dann wieder atme ich den Duft der Freude in der Gegenwart. Sinnreizende Gestalten stehen da, unbeweglich wie Statuen. Im Rhythmus ihrer Gebärden, selbst in ihrer Regungslosigkeit offenbart sich Uraltes, Erhabenes – Religion. In ihren verschleierten träumenden Augen – ein unergründliches Rätsel.« (*Briefe,* S. 182.)
[20] Gauguin dagegen hat sich mehrfach und in verschiedenem Sinn als »Wilden« bezeichnet. Einmal meint er damit, daß die Polynesier ihn als Wilden betrachten (*Noa Noa,* S. 27) – und tatsächlich wirken ja Europäer inmitten einer anderen Kultur plump und unkultiviert. Manchmal meint er damit, daß seine Imagination »wild«, d.h. nicht »dekadent« sei. Und manchmal meint er, daß er auf Tahiti ein »Wilder«, d.h. ein Polynesier geworden sei.
[21]*Briefe,* a.a.O., S. 119.
[22] ebd., S. 207.
[23] Vgl. M. Pechstein, *Erinnerungen,* hrsg. v. L. Reidemeister, Wiesbaden 1960.
[24] Vgl. M. Schneckenburger, *Bemerkungen zur »Brücke« und zur »primitiven« Kunst,* in: *Weltkulturen…,* a.a.O., S. 456–474; L. Reidemeister, *Künstler der Brücke an den Moritzburger Seen 1909–1911,* Berlin 1970 (Katalog). – Abb. in Pechstein, *Reisebilder – Italien, Südsee,* Berlin 1919; ders., *Palau-Zeichnungen,* Halle 1947 (Katalog).

[25] E. Nolde, *Jahre der Kämpfe,* 3. Aufl., Köln 1971, S. 177.
[26] ebd., S. 181.
[27] W. Haftmann, *Emil Nolde,* Köln 1958, S. 30f., räumt der »primitiven« Kunst sogar eine entscheidende Rolle bei Noldes Durchbruch zum expressionistischen Bild ein. Explizit hat Nolde »Exotisches« freilich nur als Zitat zugelassen. In der Reihe der »Zitatenbilder«, der Stilleben mit exotischen Figuren, zeigt *Der Missionar* von 1912 mit verblüffender Genauigkeit Noldes wahre Haltung gegenüber dem »Primitiven«. Das Bild zitiert – in einer wahren »Kulturvermanschung« – drei Plasiken: Rechts die einer Yorubafrau mit Kind, links die eines koreanischen Wegegottes, in der Mitte oben eine Bongomaske. Nolde hat die drei Plastiken im Berliner Völkerkundemuseum gezeichnet; als er sie zum Bild zusammenfügte, hat er sie geringfügig verfremdet. Der Missionar ist schokoladenbraun – er biedert sich an –, sein Hut ist leicht nach links verschoben – er hat etwas Gangsterhaftes –, die Bongomaske ist weiß geworden – die afrikanische Kultur sich selbst entfremdet –, die Yorubafrau kniet vor beiden Religionen. Der Europäer ist der Betrüger, der Missionar der Wolf im Schafspelz, in seinem Gefolge zerstört der Kolonialismus die »Urvölker«. – Vgl. *Weltkulturen...,* a.a.O., Kat.-Nr. 1812.
[28] Vgl. Nolde, *Welt und Heimat,* Köln 1965.
[29] Dem widerspricht nur scheinbar, daß der ehemalige Gouverneur von Deutsch-Neuguinea, Hahl, nach Noldes Bericht später vor den Aquarellen begeistert ausgerufen haben soll: »Diesen Mann kenne ich – der lebt auf jener Insel – dieser gehört zu jenem Stamm – sie sind ja großartig« (*Welt und Heimat,* a.a.O., S. 146). – Das Problem liegt nicht in der physiognomischen Identität, die tatsächlich eindeutig ist, sondern im *Ausdruck.*
[30] Haftmann, *Emil Nolde,* a.a.O., S. 34.
[31] *Welt und Heimat,* a.a.O., S. 146.
[32] ebd., S. 57.
[33] ebd., S. 59, 62, 71, 91, 97, 100.
[34] ebd., S. 97.
[35] Zu dieser erstaunlichen Differenz zwischen intellektueller und optischer Einsicht bei Nolde vgl. W. Jens, *Der Hundertjährige,* Seebüll 1967.
[36] Nolde, *Briefe,* hrsg. v. M. Sauerlandt, 2. Aufl., Hamburg 1967, S. 99.
[37] *Welt und Heimat,* a.a.O., S. 105.
[38] Abb.: *Neu-Guinea-Frauen* in: *Weltkulturen...,* a.a.O., Kat.-Nr. 11; *Familie* in: *Welt und Heimat,* a.a.O., S. 131; *Neu-Guinea-Wilde* in: Haftmann, *Emil Nolde,* a.a.O., Taf. 15.
[39] Haftmann, *Emil Nolde,* a.a.O., S. 74.
[40] Nolde, *Briefe,* a.a.O., S. 120f.
[41] A. Gehlen, *Zeit-Bilder,* Frankfurt 1965, S. 144ff.

Entdeckung der Europäer

[1] Ich habe diese Geschichte 1974 bei den Huli am Wagafluß aufgezeichnet. Sie wurde in einer Diskussion vorgebracht, in der es um eine Interpretation meiner Ankunft ging. Allerdings wurden dabei auch weniger freundliche Mythen vorgebracht, in denen der Europäer als ein vom Pech verfolgter Trickster dargestellt wird. Mir wurde daran der Realitätsbezug deutlich, den die Mythologie durch ihren Gebrauch erhält. Diese Beobachtung ist zwar nicht neu, ich möchte aber darauf hinweisen, daß sie, wenn man sie selbst macht, so überzeugend ist, daß man die romantische Mythologie nur noch in ihrem Licht betrachten kann.
[2] Vgl. dazu meine Untersuchung *Literature Among the Cuna Indians,* Etnologiska Studier 30, Göteborg 1970, S. 92–104.
[3] E. Nordenskiöld, *An Historical and Ethnographical Survey of the Cuna Indians,* Comp. Ethnogr. Stud. 10, Göteborg 1938, S. 182–187.

[4] Abgedruckt bei J. R. Salcedo, *Relación Historica y Geográphica de la Provincia de Panamá,* in: Relaciones Históricas y Geográphicas de América Central. Col. de libros y documentos referentes á la Historia de América, Bd. VIII, Madrid 1908, S. 124f.
[5] Nordenskiöld, a.a.O., S. 187.
[6] ebd., S. 190–193.
[7] Besonders wichtige Quellen dazu sind die ethnographischen Beobachtungen bei Nordenskiöld, a.a.O., S. 333–478; die linguistischen bei N. M. Holmer, *Ethno-Linguistic Cuna Dictionary,* Ethnologiska Studier 19, Göteborg 1952, s. v. *purpa, neka, tule, nika, kurkin, ikala;* den klarsten Aufschluß geben die Cuna-Texte selbst.
[8] Nordenskiöld, a.a.O., S. 389.
[9] ebd., S. 176.
[10] C. Lévi-Strauss, *Strukturale Anthropologie,* Frankfurt 1967, S. 204–225.
[11] ebd., S. 205.
[12] Nordenskiöld, a.a.O., S. 145.
[13] Der vollständige Text wurde von N. M. Holmer und S. H. Wassén herausgegeben: *The Complete Muu-Igala in Picture-Writing,* Etnologiska Studier 21, Göteborg 1953.
[14] Vgl. N. M. Holmer und S. H. Wassén, *Nia-Ikala. Canto Magico para curar la locura,* Etnologiska Studier 23, Göteborg 1958.
[15] Lévi-Strauss, a.a.O., S. 207.
[16] ebd., S. 225.
[17] Nordenskiöld, a.a.O., S. 141ff.
[18] ebd., S. 156ff.
[19] N. M. Holmer, *Cuna Chrestomathy,* Ethnologiska Studier 18, Göteborg 1951, S. 180f.
[20] ebd., S. 102–111.
[21] Nordenskiöld, a.a.O., S. 423ff.
[22] ebd., S. 291.
[23] ebd., S. 295–317.

Nachweis der Abbildungen

Abb. 1), Seite 94, *Marquesanischer Keulenträger,* Krusenstern 1804. Abb. nach K. v. d. Steinen, *Die Marquesaner und ihre Kunst,* Bd. I, Berlin 1925, S. 90.

Abb. 2), Seite 96, *Prinzessin Mounatini.* Abb. nach K. v. d. Steinen, *Die Marquesaner…,* a. a. O., Bd. I, S. 101.

Abb. 3), Seite 101, *Palau,* Max Pechstein, Palau 1914. Abb. nach M. Pechstein, *Palau-Zeichnungen,* Halle 1947.

Abb. 4), Seite 103, *Neuguinea,* Farbstiftskizze, Emil Nolde, Neuguinea 1914. Abb. nach E. Nolde, *Welt und Heimat,* Köln 1965, S. 73.

Abb. 5), Seite 104, *Eingeborener,* Aquarell, Emil Nolde, Neuguinea 1914. Abb. nach E. Nolde, *Welt und Heimat,* a. a. O., S. 78.

Abb. 6), Seite 107, *Familie,* Holzschnitt (Schiefler 128), Emil Nolde 1917. Abb. nach W. Haftmann, *Emil Nolde,* Köln 1958, S. 35.

Abb. 7), Seite 109, *Der Engländer,* Schreckfigur der Nikobaren. Abb. nach E. Lips, *Weisheit zwischen Eis und Urwald,* Leipzig 1959, nach S. 176.